プロジェクト図解

地域の場を設計して、運営する

設計事務所 15の実践

菅原大輔 編著

和田優輝
黒岩裕樹
横溝惇
白須寛規
山口陽登
神本豊秋
追沼翼
石井秀幸
野田亜木子
安部啓祐
加藤拓央
岡昇平
駒田由香
山川智嗣
進藤強
松本悠介
高橋利明
永田賢一郎
著

学芸出版社

はじめに

空間と経営の可能性を切り開く場の運営

菅原大輔

まちと建築の設計、その手がかりとしての運営

フランスの建築設計事務所で働いていたころ、パリ4区のアルシーヴ通りにあるレンゾ・ピアノのオフィス〈Renzo Piano Building Workshop〉の前でよく足を止めた。〈ポンピドゥー国立芸術文化センター〉を設計した、世界の建築家たちが憧れる巨匠のオフィスは、通りに面した1階が大開口の模型制作室で、世界中で進む様々なプロジェクトの模型をつくっていた。見慣れた様子で通り過ぎていく人もいれば、しばし足を止めて制作工程に見入る人もいる。ビルの一室で人知れず営まれる"普通の"設計事務所とはまったく違う、世界最先端のクリエイティブが日常生活と隣り合う風景に衝撃を受け、「いつか路面店の設計事務所を持ちたい」と思った。

同時に、すべての人がまちを自分の場所として使うパリという都市自体にも、強く惹かれた。日本の公共空間にも今でこそ多様な居場所や賑わいが生まれつつあるが、2000年代当時の日本の屋外空間では考えられない豊かさが、パリにはあった。広場や道路にまで広がった飲食店のテラス席で人々は歓談し、朝のマルシェや蚤の市、ツール・ド・フランスなどの大型スポーツイベント、政治的な集会も頻繁に催されていた。都市スケールで

レンゾ・ピアノのオフィス

場を美しく使いこなすパリの人々の価値観は、単身渡仏し現地の設計事務所で働き始めたばかりの私にとって、何よりも新鮮だった。このときに培った広域で地域を見る視点は、「まちと建築の設計」に取り組む現在の自分を形づくるきっかけとなった。

2007年に3年間働き暮らしたパリから帰国し、自身の事務所を立ち上げた。パリでの経験から、小さいスケールでも即効性と実効性をもってまちに直接関与できる地域拠点の運営は、建築設計の立場からまちの更新に関与する手段として最適だと思っていた。しかし初めて事務所を構えたのは、恵比寿のビルの一室だった。東京の地上階は商業価値が高く、独立したての設計事務所には手が出る賃料ではなかった。

12年後の2019年、かねてから探していた手頃な路面物件が見つかったため、事務所を調布市富士見町に移転した。地上3階・地下1階のペンシルビルで、2階・3階を事務所の占有スペース、1階のカフェと地下の模型室はまちに開き、設計事務所に併設する形で、地域拠点の運営を始めることになった。これが本書で紹介する事例の一つでもある〈FUJIMI LOUNGE〉だ。

いち経営者としてローカルに関わると、地域の解像度が格段に上がる。第2部の事例01（p.32）に詳しいが、カフェを開業するため、地域の特性や利用者のニーズを入念にリサーチすることとなった。設計と並行して場の運営を始めると、客単価と席の密度の関係やオペレーションと視線誘導の関係といった、空間設計の前提となる場

〈FUJIMI LOUNGE〉でのワークショップやイベント

004　はじめに

の使い方を日常的に意識するようにもなる。一方、地域の拠点づくりとしても、リサイクル品やご近所情報を交換する場となるバザーを開催したり、地域に潜んでいたクリエイターたちの発表の場として商品棚の一部を開放したりと、まちの人々と顔の見える距離感でイベントを企画し始める。おのずと地域の課題や可能性への解像度も上がり、結果として、自治体や地域住民と連携して行う社会実験や地域イベントのディレクションやマネジメント、コーディネート業務といった、いわゆる設計に留まらない仕事の依頼も多く舞い込んでくるようになった。本業の設計者としても、企画運営や経営面でも伴走できる人材だと認知されたことで事業計画など設計の前段階からの参画が可能となり、より踏み込んだ設計提案ができるようになった。

ボトムアップなアプローチが必要となった
3.11以降の広がり

事務所や活動拠点の一部、もしくはその全体を地域に開く場の運営を通じて、地域の当事者となり、まちの営みに積極的に関与する設計事務所は、近年多く見られるようになった。こうした拠点運営の動きを大きく後押ししたのは、2011年の東日本大震災だ。被災地の復興支援のあり方を問題提起として、自身の身体スケールでものを考え、その先で広域な地域課題と真摯に向き合うボトムアップなアプローチをとる設計者たちが増えたし、長期的・献身的に伴走するプロセスを

重視した建設プロジェクトも増えた。成長前提であった近代では、設計者は要求されるハードの設計にのみ向き合っていればよかった。しかし、限られた予算と資源を生き抜く縮退社会では、設計の周辺や前提を横断的に捉え、ハード（空間設計）とソフト（運営）の両面からテコ入れできるマルチな人材が求められる。建築を専業とする働き方だけでなく兼業の可能性も言及されるようになった。

その延長線上にあるのが、当事者として関わるという選択肢だ。敷地の課題を個性と読み替え、あるいは見過ごされてきた資源を掘り起こして価値化することを職能としてきた建築家・設計者だからこそ、当事者となれば強い。本書は、こうした活動を2011年以降先駆的に切り拓いてきた3名の建築家へのインタビューと、各地で地域拠点を運営している15名の実践から、設計者の新しい職能を示すことを目指している。

第1部「拠点を開いてきた建築家たち」では、場の運営を始めた経緯や拠点運営から得られた視野の広がりについて、3組の建築家にお話を伺っている。名実ともに建築家としての地位を確立しながらも、場を運営する設計者の存在を切り開いた株式会社アーキシップスタジオの飯田善彦氏、異業種展開をしつつも新たな拠点を構え、場の設計と運営を活動の中心に据えるSUPPOSE DESIGN OFFICEの谷尻誠氏・吉田愛氏、表通りから裏路地まで谷中というまち全体を俯瞰し設計・運営を行う株式会社HAGISOの宮崎晃

吉氏だ。

第2部「まちとつながる15の拠点」では、カフェなどの飲食や物販店舗、シェアキッチン、シェアオフィスやシェア工房、宿泊施設、入浴施設と多様な15拠点の設計者に、場の設計・運営の実態を克明に書き下ろしてもらった。東京都心部から郊外、地方都市や中山間地域と多様な地域与件を解きながら、自身の拠点で住民と膝を突き合わせ、まちの風景や文化を継承しつつ、まだそこになかった新しい風景を生み出し続ける設計者たちだ。これらの拠点での複合用途の計画、まちへ開く居心地の設計手法を、豊富な図面・写真から読み解いている。場の維持には欠かせない経営管理や組織運営については、モノ・コト・ヒトを本業といかにシェアし、一石二鳥、三鳥の場づくりを実現しているのか、経営上の工夫がわかるように初期投資額／月の収支表を可能な範囲で明かしていただいた。また、運営する場を起点とした生活圏での活動と、地域内外に拡張する協働体制を可視化するネットワーク図も作成してもらっている。

第1部の建築家3組と第2部の15拠点の開業年表（p.10）、15拠点はマップ（p.28）も収録し、立地・時間軸での広がりを俯瞰することも試みた。

ソフトとハードを横断する
ローカルな建築実践から始める

空間の居心地や複合する用途の計画を「運営」の現場で模索しながら「設計」と向き合う私たち

には、ソフトとハードを横断する日々でこそ生み出せる「空間」があるはずで、そこに新しい設計者の職能が見出せるのではないか。そうした期待から本書では、拠点の企画立案・設立・運営すべてを「空間設計の思考プロセス」と捉えている。これは筆者が〈FUJIMI LOUNGE〉を始めてから、同業の建築家にしばしば「拠点運営は本業（設計活動）の足枷なのでは？」という趣旨の質問を受けた経験から得た視点だ。確かに6年経った今も、場を維持存続させること、つまり「利益を出す」運営の難しさは日々痛感するところだ。設計に専念していたころに比べると、こなすタスクは格段に増え、空間設計だけでなく業態やプログラムの改善や変更、最適化、取扱商品の発注管理、ポップやサインのデザイン、商品の陳列方法から立地特性の分析と集客状況の変化に、日々目を向けなくてはならない。文字通り悪戦苦闘の日々を送っている。

しかしながら、こうした拠点運営の日常、つまり一見「設計」から遠ざかっていると思われがちな時間にこそ、空間の形態や素材の根拠となる、デザインの手がかりが潜んでいたりするのだ。また、専門分化された領域を踏み越えて与条件を問い直し、膨大な変数一つひとつを相手にゼロから設計対象を組み立てるという、デザインの根源的な面白さにも気づくことになった。理解が深まるにつれ、出店位置に合わせた業態選定や商品開発、商圏に最適な集客方法など、与条件との行き来から空間を構築する思考が習慣化していく。場の

運営を通して、空間と経営の可能性を切り開きながらデザインの核心に踏み込む毎日だ。

拠点を通して、変わり続ける

とはいえ、これらの気づきは〈FUJIMI LOUNGE〉での筆者の経験に偏った視点であって、「設計と運営の最適な関係」は当然ながら、開業歴や業種、場の維持に必要な収益率によって、15拠点でそれぞれ大きく異なる。その違いを踏まえつつも各事例を読み通す軸と位置づけたのが、「運営関与度グラフ」だ。創業から運営の関与度合はどう変化し、現在の業態はどうなのか。また今後10〜20年後も現場で運営に関わり続けたいのか、あるいは活動を拡張・多拠点化し、運営主体は他者へ受け渡すことを望んでいるのか。縦軸を経営フェーズ・横軸を設計者の運営への関与度合として、現在地と目標地点を表現してもらった。このグラフをもとに、15拠点を【投資フェーズ】【持続フェーズ】【多拠点化フェーズ】の3つに分類している。

【投資フェーズ】設計事務所の経営によって地域拠点の運営を支えている、もしくは開業したばかりで運営方法を模索している状態である。

【持続フェーズ】拠点の運営単体でも収益バランスが保て、持続的な運営が可能な段階。活動を継続することで運営スキルを深めたり、新しい企画や業態に挑戦したりする状態である。

【多拠点化フェーズ】継続的な運営の知見をもとに、同業種の広域展開や地縁・地域特性を活かした新事業への挑戦などで多拠点化し、さらなる事業展開を行っている。拠点運営が設計事務所の経営を大きく牽引している状態である。

いちおう断っておくが、そもそも多拠点化を目指さない事例も多いので、多拠点化フェーズが投資フェーズ・持続フェーズより優れた活動であるというわけではない。一方、共通しているのは、15拠点すべてが収益性を超えた志を持って運営されていることだ。当然ながら場の価値は、取り巻く地域や人と切り離せるものではない。拠点単体ではなくエリア全体で新たな価値をつくる行為には時間がかかる。金銭を介さない価値の交換、地域課題の発掘や地元住民同士の関係構築など、場の収支として数字に表れない価値づくりを優先する事例も少なくない。本書が収支表だけでなくネットワーク図を収録するのは、そうした数字上に表れない、創発の現場のリアリティを感じ取ってほしいからである。

災害対応や地域福祉、あらゆる一手が公助から自助・共助へとシフトしつつある縮退社会に、本書の15事例は新しい職能の思想と運営手法を示してくれている。いずれも、今の時代を拓く「まちと建築の設計」手法ではあるが、その手法自体も時代が求める最適な形として変わり続けるだろう。これらの事例が、さらに新しい職能へ挑戦する仲間の一助になればと考えている。

Contents ｜ 目次

はじめに｜空間と経営の可能性を切り開く場の運営　　　3

地域拠点開業年表　　　10

Part 1 拠点を開いてきた建築家たち　　　12

Interview

01 まちが設計者を変える　　　14
神奈川・横浜市｜**Archiship Library & Café**｜
飯田善彦（株式会社アーキシップスタジオ）

02 交差点のような仕事場をつくる　　　18
東京・渋谷区｜**社食堂**｜
谷尻誠・吉田愛（SUPPOSE DESIGN OFFICE）

03 ひとりの市民としてローカルを掘る　　　22
東京・台東区｜**HAGISO**｜
宮崎晃吉（株式会社HAGISO）

Part 2 設計して運営する15の地域拠点　　　26

まちとつながる15の地域拠点MAP　　　28

投資フェーズ　　　30

01 東京・調布市｜**FUJIMI LOUNGE**｜交流と交通の拠点として回遊性をつくる　　　32
── 菅原大輔（SUGAWARADAISUKE建築事務所 株式会社）

02 岡山・津山市｜**LAB Tsuyama**｜未来の文化を共創するリビングラボ　　　42
── 和田優輝（株式会社 和田デザイン事務所）

03 熊本・中央区｜**神水公衆浴場**｜有事にそなえる地縁の種まき　　　52
── 黒岩裕樹（株式会社 黒岩構造設計事ム所）

04 東京・多摩市｜**STOA**｜地域文化をつなぎ合わせ、新たな集住帯を育てる　　　62
── 横溝惇（スタジオメガネ）

持続フェーズ　　　72

05 大阪・中央区｜**上町荘**｜大きな間口でまちと接続するシェアスペース　　　74
── 白須寛規（design SU建築設計事務所）・山口陽登（YAP.Inc）

06 東京・渋谷区│**ミナガワビレッジ**│地域を引きあわせるハブを担う　　　84
　　─ 神本豊秋（株式会社 再生建築研究所）

07 山形・山形市│**Day & Coffee**│事業を行い、まちのデザインに関わる　　　94
　　─ 追沼翼（株式会社 オブザボックス）

08 東京・大田区│**ノミガワスタジオ**│自分ごと化する場づくり　　　104
　　─ 石井秀幸・野田亜木子（株式会社 スタジオテラ）・
　　安部啓祐（Baobab Design Company）

09 京都・宇治市│**カレー設計事務所**│食を起点に人がつながる場をつくる　　　114
　　─ 加藤拓央（カレー設計事務所）

多拠点化フェーズ　　　124

10 香川・高松市│**仏生山温泉／仏生山まちぐるみ旅館**│　　　126
日々の暮らしの中からまちが良くなること
　　─ 岡昇平（設計事務所岡昇平）

11 東京・江戸川区│**西葛西APARTMENTS-2**│　　　136
「働く、商う、住む、集まる」がつくる小さな生活圏
　　─ 駒田由香（有限会社 駒田建築設計事務所）

12 富山・南砺市│**Bed and Craft LOUNGE＋nomi**│観光客と職人の新たな付き合い方　　　148
　　─ 山川智嗣（株式会社 コラレアルチザンジャパン）

13 東京・渋谷区│**SMI:RE YOYOGI／SMI:RE YOYOGI ANNEX**│　　　158
不動産事業で地域を変えるスイミー型まちづくり
　　─ 進藤強（株式会社 ビーフンデザイン一級建築士事務所）・
　　松本悠介（松本悠介建築設計事務所）

14 徳島・美馬市│**みんなの複合文化市庭 うだつ上がる**│　　　168
河川交易を編集し、新しい地域文化をつくる
　　─ 高橋利明（TTA+A 高橋利明建築設計事務所）

15 長野・立科町│**アツマルセンター立科／町かどオフィス**│　　　178
地域のストックを活用してまちを耕す
　　─ 永田賢一郎（YONG architecture studio・合同会社T.A.R.P）

おわりに│道具としての建築、手段としての設計　　　188

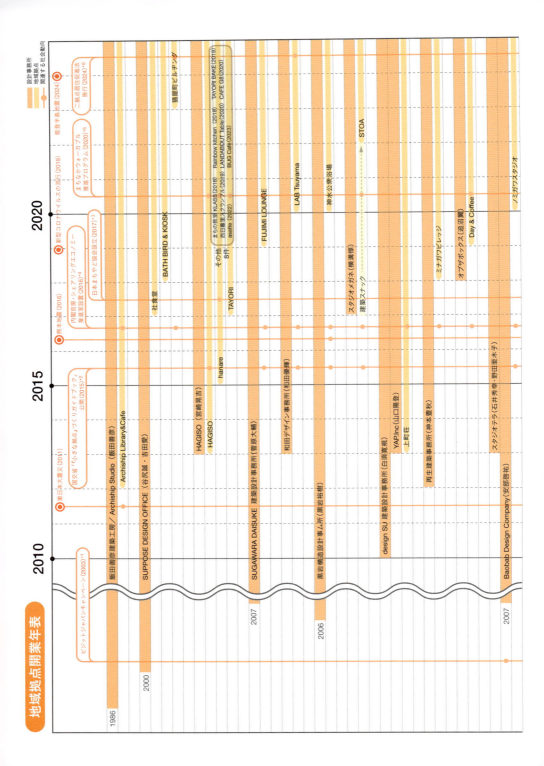

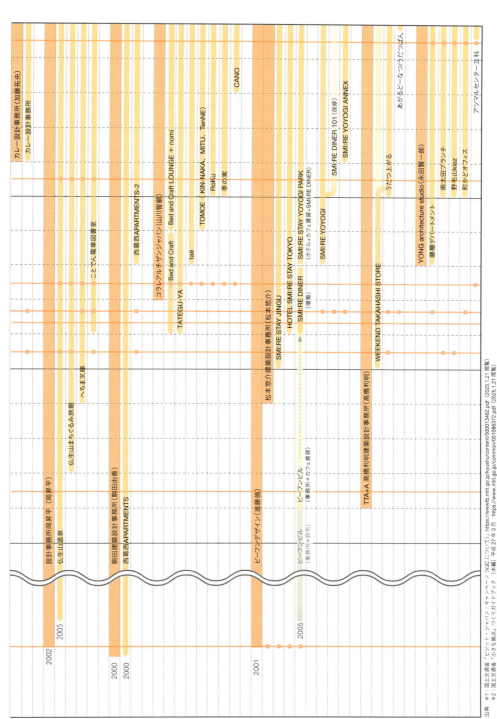

Part 1

　本書で紹介する15拠点を含め、全国各地で広がりを見せる設計事務所の拠点づくりだが、「設計事務所をまちに開く」という取り組みをいち早く実践し、場を運営し続ける3組の建築家にインタビューを行った。1組目は、設計事務所の1階を〈Archiship Library & Café〉という名のブックカフェにするという、2012年当時他に例のない試みを始めた株式会社アーキシップスタジオの飯田善彦氏である。「設計行為がまちの活動と切り離された場所で行われている」ことへの問題意識に共感する読者は多いのではないだろうか。氏は、まちに開かれた環境に身を置いて初めて身体性をもった設計言語を構築できる、と語ってくれた。
　2組目は、不動産、工務店、飲食のプロデュースなど様々なビジネスを展開しつつ、2017年に〈社食堂〉を開業、2023年に地元広島で〈猫屋町ビルディング〉の自社運営を始めたSUPPOSE DESIGN OFFICEの谷尻誠氏と吉

拠点を開いてきた
建築家たち

田愛氏である。「自分たちが働きたいオフィス」を
実現すべく、プログラムやリーシングから組み立
てた彼らの集大成だという。多角経営の目的は
すべて、リアルな場で交換される新しい体験価値
をつくることに集約される、と話す両氏からは、空
間への信頼を強く感じた。

最後は、谷中で古い木賃アパートを改修し、カ
フェ・ギャラリー・ホテルレセプションを備えた最
小文化複合施設〈HAGISO〉を2013年に開業
した株式会社HAGISOの宮崎晃吉氏だ。学生
時代から20年以上谷中に根ざし、2024年時点
で5拠点の事業を同地域で展開している。「時間
をかけてローカルに寄り添い、突き詰めていくこ
とでしか、グローバルな価値に辿り着けない」と
話し、いまだ発見されていない価値が自らの足元
に眠っていると考える氏の尽きない好奇心こそ
がまちを面白くしていることがわかる。

いずれの実践も、場の運営は空間設計から距離
を置くことではなく、むしろデザインの核心に踏
み込むことであると教えてくれている。

Interview 01 | Archiship Studio Inc.

Archiship Library & Café 内観

まちが設計者を変える

神奈川・横浜市 | **Archiship Library & Café** |

飯田 善彦
Yoshihiko Iida

1950年　埼玉県浦和市生まれ
1974年　（株）計画・設計工房（代表 谷口吉生・高宮眞介）
1980年　（株）建築計画 設立（元倉真琴と共同）
1986年　飯田善彦建築工房 設立
2022年　（株）アーキシップスタジオに改称

東日本大震災直後の2012年、いち早く設計事務所を地域に開き、〈Archiship Library & Café〉を運営してきた飯田善彦氏。設計者として被災地域に関わる難しさを感じた経験を経て、まずは自身の日常を開くことを選び、事務所で所有する約4000冊の本棚を開放したライブラリー&カフェの営業を起点に、芝居や映画上映、骨董市などのイベントも行い、地域拠点としてまちとの関わりを深めている。

まちの中で考える建築

菅原　事務所をまちに開いた経緯をお聞かせください。
-
飯田
直接的には、2011年の東日本大震災です。普段から事務所をまちと関係づけたいと震災後強く思いました。その下地となったのは、2007年から関わった高架下アーティストスペース〈日の出スタジオ〉での経験です。当時教えていた横浜国立大学の学生たちとアーティストのためのスタジオ兼展示場をつくったのですが、住民から裏道を明るくしてほしいという要望もあり抜けを用意することに加え、アーティストが街と直接関係する状況をつくるためできるだけ透明にしました。まちとの関係の中で空間がデザインされていく面白さがありました。それを設計事務所でもやってみたいと思ったのです。建築家は特別な存在でもないし、設計行為がまちと切り離されたところで行われていること自体がおかしい。僕たちが日々感じている「建築ってこういうものなんだ！」という面白さを、まちの人にも感じ取れる場所にしたいと考えたんです。
〈Archiship Library & Café〉は、防火帯建築という戦後復興政策の一環で整備された建築群の一画にあります。下町情緒が残るエリアにあって、ここは横浜に来て以来昔から気になっていたビルでした。当時馬車道にある古いビルの3階

カフェと事務所が入居する防火帯建築の裏通り

地域イベントでに賑わう〈日の出スタジオ〉

Archiship Library & Caféの入口付近

インタビュー中の飯田善彦氏(右)と筆者(左)

汀子(みぎわひだり)個展でエントランスに描かれたペイント

に事務所を構えていたのですが、カフェをやるなら1階がいいだろうと横浜市に相談してこのスペースを紹介してもらいました。やはり路面の物件はまちとの距離感が全然違います。

菅原　今はどんな場所になっていて、設計にどのような影響を与えていますか？

飯田
カフェを始めて12年になりますが、レクチャー、音楽、映画上映や骨董市などの場としても地域に開いています。意外と芝居に使われることが多くて、先週もちょうど芝居をやっていました。ひとり芝居だったから家具は適当に残してましたが、最大30人ぐらいは入ります。
開設前から横浜国大で親しかった映画が専門の梅本洋一さんの連続講義や観客を交えた議論の場をつくりたいと考えていたので、多人数を収容できるよう奥の収納に家具を全部片付けられるようにして、スクリーンを備え音も出せるよう防音にしたのです。ただ残念なことに実現前に梅本さんは亡くなってしまい、別の形で若い映画監督に来てもらい自主上映をやりました。
ここは、設計事務所として人的なネットワークを広げるというよりは、雑多なまちのなかで建築を拡げるための場という感じです。このスペースを運営するようになってから、その後の公共事業の設計コンペや市民参加ワークショップなどへ

の事務所の向き合い方も変わったかもしれません。事務所の中だけで設計するのではなく、まちに開かれた場所で関係を築きながら、ものを考えるということが大切だと思っていますし、そうした機会をデザインするのも建築家の役割の1つだと考えています。

クライアントワークから自由になって
見えるもの

菅原　拠点運営をしながら建築を考える面白さはありますか？

飯田
設計事務所って基本的に人が来たらお茶を出すし、本もたくさん所有しています。だから同世代の建築家にはみんなやったらいいじゃないのって勧めてるんですけど、儲かる仕事ではないからやらないですよね。面倒でやらないというのもあるかもしれない。
一方で今の若い人たちは最初からまちに開いていくぞという感覚を持っている。どんどんやったらいいと思います。設計の仕事は基本クライアントワークですが、とはいえ発注者側の意図を超えて提案をするのが建築ですし、そこが面白い。自ら拠点を運営するということは、そういう発想が求められる建築設計の仕事でも随分力になると

思います。

菅原　まちに開かれた場所でこそ、新しい建築を考えられるのではとも思います。

飯田
そうですね。新しい建築というか、自分が考える建築が変わってくるんだと思います。僕ら建築家は、楽しさや美しさ、快適さといったよくわからない抽象概念にかたちを与えて、建築としてつくらないといけない。もしかしたらそういう主観や個人の感覚に基づく部分こそ、開かれた環境に常に身を置くことで開発されることもあるかもしれません。

専門性に閉ざされない組織をつくる

菅原　これからの設計事務所のあり方について展望はお持ちですか？

飯田
僕の設計事務所は2022年から共同代表制になり、名前も「飯田善彦建築工房」から「アーキシップスタジオ」に変更しました。自分の名を冠することをやめたのは、1人の建築家がつくるのではなく、所員全員で建築を考える事務所であるという意志表明です。

もともと僕は、空間のすべてを自分の思い通りに設計したいとは思っていません。他者とコラボレーションすることが全然苦じゃないし、むしろそれが面白いんです。もちろんそれは事務所の中だけではなくて、例えば京都の龍谷大学のキャンパスプロジェクトでは、実施設計の時点からゼネコン内の構造や環境の専門家と一緒に設計を行っています。

2011年に東日本大震災が起きて、設計事務所のあり方を変えようと思ってカフェを始め、2022年に事務所も共同代表制に変えました。

カフェ運営も事務所の体制変更も、特別視されがちな建築家像や専門性に閉ざされた設計行為をもっとフラットな、まちに開かれたものにしたいという点では共通しているのです。

収録日：2023年12月18日
収録場所：アーキシップスタジオ

映画の自主上映イベント

吉田町通りに面した軒先でのパン販売

アート＋骨董マーケットで賑わうカフェ店内

Interview 02 | SUPPOSE DESIGN OFFICE Co.,Ltd.

〈社食堂〉内観。左が食堂スペース、右が事務所スペース

交差点のような仕事場をつくる

東京都・渋谷区 | 社食堂 |

谷尻 誠
Makoto Tanijiri

1974年　広島県生まれ
2000年　建築設計事務所suppose design office 設立
2014年　SUPPOSE DESIGN OFFICE Co.,Ltd. 設立
　　　　共同主宰

吉田 愛
Ai Yoshida

1974年　広島県生まれ
2000年　建築設計事務所suppose design office 設立
2014年　SUPPOSE DESIGN OFFICE Co.,Ltd. 設立
　　　　共同主宰

広島と東京の2拠点に設計事務所を構え、公共から民間まで様々な建築設計を行うSUPPOSE DESIGN OFFICE。東京事務所に併設した〈社食堂〉の運営をはじめ、谷尻氏は建築家だけでなく起業家として不動産や工務店、飲食プロデュースで10の法人を経営するなど、多種多様に業態を拡張。広島事務所が入居する自社ビル〈猫屋町ビルヂング〉では飲食、アートギャラリー、サウナなど多彩なテナントを誘致している。

まちを変える拠点設計の手ごたえ

菅原　設計だけでなく、ビジネスとしての拠点運営を始めた理由を教えてください。
-
吉田
自分たちが行きたいと思える場所を増やしたいんです。地元広島で2014年に〈ONOMICHI U2〉という複合施設を設計した後、周辺の人の流れが変わった、移住者が増えたという声がたくさん届きました。それまでは住宅の設計が多かったので、ホテルやカフェ、レストランなどの機能を備えた地域拠点の設計はまったく違う手ごたえがありました。そこから、自分たちの仕事場こそ、そこに居たいと思えるまちの拠点にしたいと思うようになり、〈社食堂〉をつくりました。

谷尻
運営のことを知らないのにわかったように設計している自分が矛盾しているよな、という感覚はずっとありました。運営を理解できれば、設計の知見も増えます。小さな備品も1つの空間要素ですし、そこまで意識できるようになれば、嘘のない設計ができると思うんです。僕らは、建物の完成よりもっと先の、人が使って初めて完成する未来の状態を「竣工」と捉えています。だから設計でも、建築／インテリアのヒエラルキーはつくらず、細部まで手を尽くします。今は随分変わりましたけど、昔は、内装は建築家の仕事じゃない、真っ白に塗るだけで後はノータッチ、という関わり方も多かったように思います。「内装も面白いのに」とずっと思っていました。

吉田
私たち設計者が面白いと思えるだけでなく、利用者が使いやすいものをつくりたいといつも思っています。窓の位置を考えることと同じくらい、家具や什器、色やテクスチャーといったインテリアをデザインすることが大事だと思っています。インテリアは軽く見られがちですが、例えば通りに面してちっちゃなカウンターが1つあるだけで、人々の溜まりができる。それだけで使う人々に喜んでもらえるし、社会性をまとわせることもできます。

〈社食堂〉。キッチン奥が事務所スペース

〈社食堂〉の日替わり定食

右奥エントランスから階段を降りてすぐ、デザイン監修したグッズが並ぶ

取材中の谷尻さんと吉田さん

多角経営の中での設計の位置づけ

菅原　様々な業態を手がけていても、設計を中心に据え続ける理由は何ですか？
-
谷尻
設計行為の外側まで関わり、空間をよりクリエイティブな場につくり込めるくらいには視野が広がってきたんです。拠点運営や事業誘致は、僕だけでなく組織としても新しいチャレンジなので、もちろん皆大変ですが、僕は設計者としての自分をどんどん追い込んでいきたいし、それが会社の成長にもつながると思っています。
でも、どんな新しいことを始めても結局空間の力を一番信じているし、まだ見たことのない空間をつくって誰よりも自分が感動したいという思いで

猫屋町ビルヂング

いつも設計しています。空間は言葉では説明が要らないし、体験には嘘がない。いい空間をつくれば、共感してくれる人は必ずいます。そう思いながら何十年もチームで設計に向き合い続けて、自分たちがイメージした空間をそれなりにかたちにする力もついて、ノウハウの蓄積もできてきました。
でもスタッフには、僕や誰かの真似をして簡単に辿り着ける答えではなく、自分の答えを自分でつくり出す力をつけてほしいし、例えば拠点運営からしか見出せないクリエイティブな設計をしてほしいと思っています。

地元につくった、交差点のような場所

菅原　東京でなく広島で〈猫屋町ビルヂング〉を始めたのはなぜですか？
-
吉田
ひたすら設計に没頭して建築だけに向き合ってきた数十年を土台に、これからは少しペースを落として、ライフワークも兼ねて、じっくりと場をつくっていきたい、そう考えると東京より広島がしっくりきました。〈猫屋町ビルヂング〉の設計は、ある意味私たちの集大成です。自分たちができることってやっぱり設計やデザインなので、好きなアーティスト、古くからの友人や新たに知り合う地元の人たちがつながっていく、交差点のような場所を自分たちが設計し運営することにしました。

谷尻
僕らは広島で起業して今がありますし、多くの縁をもらった大切な場所です。だから、東京事務所をつくっても、広島に居るための理由は自分たちでつくりたいんです。今後、拠点は2個でも3個でも10個でも、増えていいと思っています。「みんなが来たい場所」がオフィスであってほし

いし、働き方や働く場所は自由に選択できる会社でありたい。オンラインミーティングで済ませられるけど、あえてここに来て一緒に食事しながら打ち合わせをする。リアルな場でこそ生まれたり交換できたりするクリエイションがあるはずだと考えています。

吉田
簡単に移動できるようになった今だからこそ、自分が快適だと思う場所で、一緒に仕事をしたいと思う人と、いいものをつくれたらそれが幸せだと思います。あえて東京だけにいる必要はなくて、スタッフが自主性を持って、いろんな場所どんどん活用してくれたらそれでいい。私たちの事務所のいいところは、ファミリー感がある点だと思っているんです。広島にはOB・OGもたくさん遊びに来てくれていて、個人だとなかなか実績がなくてコミットできない大きい仕事や社会性のある事業を気軽に相談してもらえる関係が築けています。積み上げてきた関係の中で役割をシェアしながら良い仕事をする、一緒にプロジェクトをつくる。そういう協働の生まれる場所が、私たちが面白いと考える拠点のあり方です。

"建築家だから見える世界" はもっと広い

菅原　どんな建築家が増えてほしいですか？

谷尻
建築家も投資の経験が必要だと思っています。それはお金を投資するってことだけじゃなくて、例えば僕の場合、自宅のために大きな借金を抱えてみて見えた世界があった。それによってお金の勉強をすることになるわけですが、設計以外の世の中のお金の仕組みも知ったし、経済の流れもわかってきた。工事費しか見えてなかった設計者時代より、設計の前段階を見据えた柔軟な提案ができるようになったと実感しています。

結局、お金と時間を投資しないと体験は手に入らないので、そこに向き合い続けないと良い建築はつくれないのかなという気がします。

吉田
小さくてもいいから設計者自身が事業の運営を行って、クライアントワークではない自分の空間を設計する人が増えると面白いなと思います。それほど気負いなく小さく始めてみるのが、これからのスタンダードになるのかなとも思っています。

収録日：2024年6月4日
収録場所：社食堂

〈社食堂〉外観

Interview 03 | HAGISO Inc.

〈HAGISO〉内観。カフェスペースからキッチンを見る

ひとりの市民としてローカルを掘る

東京都・台東区 | **HAGISO**

宮崎 晃吉
Mitsuyoshi Miyazaki

1982年　群馬県生まれ
2013年　HAGISO 代表、
　　　　設計事務所 HAGI STUDIO 開設
2016年　株式会社 HAGI STUDIO 代表取締役
2022年　株式会社 HAGISO 代表取締役

築68年の木造アパートをカフェ・ギャラリー・ホテルに改修してまちに開き、谷中地域内外の人を迎え入れ続けている最小文化複合施設〈HAGISO〉。東京藝術大学の学生だった宮崎氏が元住居兼アトリエ「萩荘」を同級生らと再生し、2013年に活動をスタートさせた。現在はカフェ〈TAYORI〉(2017年)、焼き菓子専門店〈TAYORI BAKE〉(2019年)、ジェラート専門店〈asatte〉(2022年)など、約80名のスタッフを抱えながら谷中地域で着実に自社事業の拠点を増やし続けている。

022　1部　拠点を開いてきた建築家たち

場の価値を建築の先にある
"関わり"に見出す

菅原　拠点を複数手がけることになった経緯を教えてください。
-
宮崎
東日本大震災後に老朽化が不安視され解体予定だった建物の可能性をどこまで引き出せるのかを実験することが目的で、もともと10年くらいは続けようと思って〈HAGISO〉を始めました。最初は複数拠点を展開することなど考えてはいなくて、取り組み自体を表現活動と考えていました。1・2年目はファッションショー、映画上映、コンサート、本屋などあらゆることをやりました。活動を通して地域の人々との交流が深まるにつれ、この場所の価値は敷地の中だけで完結しているわけではなく、まちとの深い関わりの中でこそ存在していることがわかってきました。同時に様々な地域課題も見えてきて、2年くらい経つと近所の空き家相談が舞い込むようになり、〈TAYORI〉や〈TAYORI BAKE〉、〈asatte〉などのビジネスチャンスにつながっていきました。経営の数字を見る立場になった今でこそ、多拠点展開を止めたくなる瞬間もなくはないのですが、僕も共同代表である妻（顧 彬彬／こ ぴんぴん）も元来リスクを先に考えないタイプの人間なので、面白そうな話が来たらとりあえずやってみたくなるんです。役員は僕と妻、正社員が約30人、アルバイトが50人いますが、僕らが雇う社員やアルバイトも似たような人間ばかりで、ブレーキを踏まずここまで来てしまった感じです。

菅原　面白いと感じるポイントはなんですか？
-
宮崎
自分が施主兼設計者なので、つくりたいものをつくることができます。例えば〈TAYORI〉は一般的に勝算がないとされる超路地裏物件の改修ですが、今時この都心で「誰も気づかない場所」なんて希少で、それこそ価値だと読み替えられる。クライアントワークだとなかなか踏み込めないような不利な条件でも、場所のポテンシャルを証明したいんです。

自分以外のメンバーが
必然性を感じられる事業

菅原　新事業を始めるとき、大事にしていることは何ですか？
-
宮崎
現時点でわかっているのは、基本的に自主事業

〈HAGISO〉（2013年～）外観

〈HAGISO〉のカフェスペース

ギャラリースペースでは数多くのアート展が行われる。当日も設営中

でやらないとダメだということです。僕らは株式会社ですけど、自分たちで意志決定ができる状況を保つために、僕が株式を100％持っていて、会社の全借金の連帯保証人は僕です。経営方針は自分たちの中でもこの12年間揺れていますが、僕らでなくてもできることや、単にお金を儲けるためなど、自主事業の必然性を感じないものはやらないようにしています。自分たちの意思決定で、責任を持てるプロジェクトを大事にしていますね。スタッフも、本人がやりたいと思ったことは責任を持ってくれますが、やらされるとやる気を失くすタイプが多いんです。運営に関しては、大きな方向性はメンバーと一緒に考えたうえで、そこから先はある程度それぞれに委ねています。だから成功したり失敗したりしますけどね。

菅原　事業ごとにチームを新たにつくるのでしょうか。
-
宮崎
新しい業態を始めるときは、そのスキルを持つ新メンバーを迎えることもありますが、今いるメンバーの中で挑戦したい子がいるなら頑張って習得することも多いです。苦労しながら踏ん張ることで、それなりのものになってくれば、ある程度閾値を超えると信じています。

"建築家ではない自分"で動く

菅原　事業の種類や関わる地域はどのように決めていますか。
-
宮崎
僕ら経営メンバーと運営スタッフとの程よい距離感は重視しています。僕らは役職をマニュアル化しておらず、ある程度属人的な信頼関係やコミュニケーションがないと成り立たない組織なので、あまり遠くなると責任ある運営ができないと考えています。
事業も同じで、「この場所」でできることは何だろうと、水平に広げていくのではなく垂直に掘って、可能性のレイヤーをどんどん重ねて考えます。限られたエリアの中にも掘れども尽きないリソースがあることは日々実感していて、場所のコンテクストをどう捉えて扱うかに興味があります。今は地域医療や地域福祉に興味がありますね。ただ設計依頼を待つのではなく、企画や運営で掘り下げられるのが僕らの強みです。建築以外のあらゆる領域からも谷中という地域を再編集していきたいんです。なので、広域に水平展開していく気はあまりありません。ただサテライトとして遠隔地への要素の移植は行っています。〈西日暮里スクランブル〉は、再開発を予定しているビルの暫定利用で、運営を受託したことをきっかけに僕らの事務所もここに引っ越しました。先日も西日暮里駅前で道路占有許可をとって、周りのお店に声をかけて「西日暮里エキマエピクニック」というお祭りを2日間開催し、行政・電鉄会社・再開発事業者・地域の中小企業者たちが初めて出会う場となっていました。何か面白いことが生まれるきっかけになるのではと期待しています。

菅原　業種展開をしながらも、設計活動を中心に据える理由は？
-

宮崎
僕の中には2つの軸があって、1つは今までにない場所をつくりたいというモチベーション、もう1つは建築家という職能を存在意義にせず、1人の人間としてできることをしたいという姿勢です。建築家という立場を離れて、ただまちの住まい手として地域や人との関係を考えるからこそできることはたくさんあるし、その可能性を捨てきれないんです。
例えば西日暮里では、僕らが自発的にアレンジした「西日暮里エキマエピクニック」の道路利用を、行政が社会実験として捉えてくれて、その場所が本当に歩行者専用道路になりそうな気配があります。建築家という枠に囚われず、誇大妄想を言ったみたり面白いと思ったことをやってみたりすると案外実現するし、何よりその方が僕たち自身も頑張れるんです。例えば、お店をやることは大変だけど、これはまちを変えるためのプロジェクトだという視座を持つと、気持ちが変わりますよね。

設計のパラメータとしての拠点運営

宮崎
スターアーキテクトとしてグローバルに活躍する人がいてもいいし、ローカルを掘る人がいてもいいと思います。僕たちは後者ですが、設計事務所を12年、拠点運営を10年近く続けて得た地域との信頼関係は、むしろローカルを突き詰めていくとグローバルにつながることもあると教えてくれました。たとえば、hanareに毎年宿泊してくれるメキシコ人の常連さんがいたり、海外の大学が僕らの活動をリサーチしてくれることが増えてきたりしています。そうでないとグローバルに到達できない感じもしていますね。資源化されていない地域の可能性を自分たちで見出して使えるように手を入れていくことは、一朝一夕にはなしえないですし、それはそのまま僕たちのポートフォリオや存在意義にもなると思っています。物が余分にある時代の、社会的なミッションだと思いますね。

菅原 時間がかかるからこそ価値がありますよね。
-
宮崎
しっかり自分たちの意図と意志を持ってつくっていかないといけないと思います。僕は建築の素材選びだけでなく、どんな接客をするか、どんなポップを置くか、どんなイベントを企画するか、SNSでどう発信するかなど、ディテールまでやらないと出来事が生まれないと思って設計をしています。設計を諦めて運営をやっているわけではなく、設計のパラメータを増やしているということです。それはすごい難しいですけどね。そこにまだまだ僕らができることがたくさんあると思っています。

収録日：2024年6月10日
収録場所：HAGISO

イベントの展示風景。取材時は能登半島地震の支援が行われていた

Part 2

第2部で紹介する15拠点は、カフェやカレー店といった人が気軽に立ち寄りやすい飲食店から、地域に縁のある物販を行うセレクトショップ、着地型観光を実践する宿泊施設、近隣・近郊の住民が集うシェアオフィスやシェアスペース、銭湯、図書室、その他にも動画配信スタジオや移住支援窓口と、多様な機能を備えている。いずれも空間の魅力が滞在価値に直結する用途であるのは、建築やランドスケープの「設計」を専門とし、空間を形づくる職能を活かしたゆえだろう。

開業して数年という拠点もあれば、すでに20年目を迎えた拠点もあり、拠点規模の大小、複合する用途、地域との距離感、関わる主体も様々だ。しかしながら、いずれの拠点も、既存のまちの風景や文化の継承だけでなく、独自の問いを持ち、地域内外のヒト・モノ・コトを新たにつなぎ合わせるハブを担い、その関係性を更新し続けている点は共通している。設計と運営のあり方が地域特性によって大きく異なっているのも面白い。

設計して運営する
15の地域拠点

経営状態に合わせて【投資フェーズ】【持続フェーズ】【多拠点化フェーズ】の3つに分類したが、本業の設計に軸足を置きながら場を「運営」する彼らの日々は、いわゆる一般的な収益事業の正解から大きく外れることもある。自治体と協働する公益的な事業から、公共が担いきれないインフラ機能を備えた自主事業もある。各地の実践者たちは自ら場を運営する日々を通して、数字として表れる価値と数字で表せない価値の間で煩悶しながら、見過ごされてきた地域の可能性を人知れず掘り起こし、あるいは一歩引いた目で土地の個性を相対化・俯瞰することを繰り返している。こうした試行錯誤の過程自体が、関わるヒト・モノ・コトに何らかの変化を起こしているようにも思う。

まちとつながる15の地域拠点MAP

ウェブ版の
MAPは
こちら！

富山・南砺市
Bed and Craft LOUNGE ＋ nomi
コラレアルチザンジャパン
p.148

京都・宇治市
カレー設計事務所
カレー設計事務所
p.114

大阪・中央区
上町荘
design SU 建築設計事務所・YAP
p.74

岡山・津山市
LAB Tsuyama
和田デザイン事務所
p.42

熊本・中央区
神水公衆浴場
ワークヴィジョンズ・
竹味佑人建築設計室・
黒岩構造設計事ム所
p.52

香川・高松市
仏生山温泉
仏生山まちぐるみ旅館
設計事務所岡昇平
p.126

徳島・美馬市
みんなの複合文化市庭
うだつ上がる
TTA+A 高橋利明
建築設計事務所
p.168

長野・立科町
アツマルセンター立科 町かどオフィス
YONG architecture studio・T.A.R.P
p.178

山形・山形市
Day & Coffee
オブザボックス
p.94

多摩市
STOA
スタジオメガネ
p.62

調布市
FUJIMI LOUNGE
SUGAWARADAISUKE建築事務所
p.32

渋谷区
SMI:RE YOYOGI
SMI:RE YOYOGI ANNEX
ビーフンデザイン一級建築士事務所・
松本悠介建築設計事務所
p.158

渋谷区
ミナガワビレッジ
再生建築研究所
p.84
photo：再生建築研究所

江戸川区
西葛西APARTMENTS-2
駒田建築設計事務所
p.136
photo：新建築写真部

大田区
ノミガワスタジオ
スタジオテラ・
Baobab Design Company
p.104
photo：岡田孝雄

東京都

029

投資フェーズ

ここで紹介する4事例は、いずれも開業5年未満で、

設計事務所の経営によって地域拠点の運営を支えている、

もしくは開業したばかりで運営方法を模索しているフェーズである。

バス停圏に小さな回遊性をつくる東京・調布市の〈FUJIMI LOUNGE〉。

中山間地の未来を描くリビングラボ機能を持った岡山・津山市の〈LAB Tsuyama〉。

地域防災のインフラ装置となることを目指した熊本市の〈神水公衆浴場〉。

郊外団地ならではの職住一体型の拠点再生モデルを提示する

多摩ニュータウンの〈STOA〉。

社会課題に目を向けながら、実験的なプログラムを

地域にインストールする意欲的なプロジェクトたちである。

01 FUJIMI LOUNGE
交流と交通の拠点として回遊性をつくる

雨除け庇は切文字サインと一体的に扱うことで固定した袖看板として扱い、道路上を活用している。

大きなフィックス窓は館内案内や最新のイベントの掲示板になっている。

ガラス窓に直接店舗情報やメニュー表を書き込むことでに賑やかなファサードを演出している。

既存のタイル仕上げをそのままに。出入口部分も暗めに仕上げることで店内を強調している。

換気用の跳ね上げ窓は一体化したカフェテーブルとともにまちに表情をつくる。

設　　計　SUGAWARADAISUKE建築事務所 株式会社
所　在　地　東京都調布市富士見町3-20-2
営業日時　カフェ：金〜日 11:30〜17:30／空間レンタル：月〜木 11:00〜20:00

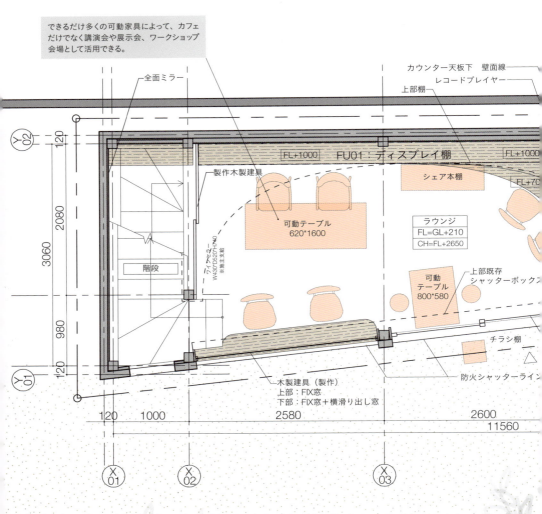

東京都の郊外、調布市富士見町にあるFUJIMI LOUNGEは、郊外住宅地に再び地域内循環を生むことを目指し、設計事務所の機能をカフェ・会議室・工作室としてシェアする拠点だ。1階の「まちのリビングとカフェ」には建築・デザイン関連の書籍が並び、地下には3Dプリンターや工具を備えた「まちの工作室」を開放。両スペースは、2階で働くSUGAWARADAISUKE建築事務所が"半公共的な社内スペース"として運営している。また、典型的な郊外の車偏重社会に一石を投じる場としてシェアサイクルステーションも併設。バス停前の立地を活かした交通の拠点運営で、"駅前からバス停圏へ"と住民の行動圏を押し広げ、交流を生むことも企図している。

狭小空間なので、コーヒーマシンやキッチン、デスクスペースなどの最小寸法でカウンター・テーブルの波型天板の形状を決定。

・エスプレッソ用グラインダー（Kalita）
・水出し・ドリップ用グラインダー（MAZZER）
・手押しエスプレッソ（PAVONI）
グリーストラップ GS3-30H

上部：レンジフード KT50003 ブラック（サンワ）
下部：収納棚
既存建具

手洗器：WA28131（サンワ）
水栓：TA05009（サンワ）

冷凍冷蔵庫 TMU-41PE2
W1200*D450*H800
排熱主文給

二槽シンク azu-KP2-1000
W1000*D450*H800
冷蔵排水支給

トイレ
FL=GL+330
CH=FL+2220

既存トイレ

レジ

キッチン
FL=GL+210
CH=FL+2300

ミルク砂糖棚
配膳コーナー

跳ね上げ天板

FL+1000

FU02：カウンターテーブル

炊飯器

既製建具：
開き窓テラス
（防火戸FG-L
LIXIL）

ワインセラー
持ち帰り用
ストロー

上部天井ライン

休憩ベンチ 1620*180*380

休憩ベンチ 1620*180*380

建具受枠：
既存枠撤去の上、
杉 t=25に交換

既存建具

豊かな街路樹とまちの風景
が、ラウンジの借景。

建具入れ替えの上、
塗装 OSCL（色指定）

建具受枠：既存枠撤去の上、
杉 t=25に交換

メニュー看板
450*480*1200

既製建具：
引き違い戸（断熱土間引戸 LIXIL）

2600   1330   1450   120
              2780

大開口や庇、歩道への物
のあふれ出しが、まちとの
連続性をつくる。

X05   X06

歩道

住宅棟   都営調布富士見町
三丁目アパートメント   住宅棟

隣家   FUJIMI LOUNGE

＝交流誘発
エリア

押しボタン式信号機   テラス席   サイクルポート   バス停
（富士見町住宅前）

武蔵境通り   配置図　S＝1/500

01 | FUJIMI LOUNGE　交流と交通の拠点として回遊性をつくる　035

波型天井でキッチン天井懐に設備経路を確保。客席の高低差にもなる。

イベントやものの配置に合わせ、ベース照明のスポットライトは可動に。

カーテンで室内を区切り、部分レンタルなど空間の使い分けが可能。

本棚の一部は、小商いスペースや親子が利用する地域のシェア絵本棚となる。

2mの狭小な奥行きを有効活用するために長大な壁面棚を設置し、その3枚の棚板が波打つことで、客席、キッチンカウンターなどの各エリアを構成。可動家具の組み替えによって、地域交流や食育のイベント、講演会の会場にもなる

短手は11.5×2mの細長空間を強調するため鏡面仕上げに。本棚が無限に続く見え。

奥行きの浅いカフェテーブルは足元も透明にして路上で憩う感覚に。ライン照明で長さを強調。

壁紙に上塗り、床はビニールタイルのボンド跡あらわしのローコスト施工。天井・棚下はライン照明で長さを強調。

模型室を兼ねた「まちの工作室」へ下る電球色で照らされた木調の階段室に対して、蛍光色に照らされた白い空間が、事務所との用途の切り替わりを暗示する。設計事務所のショーケースとしての役割も持つ

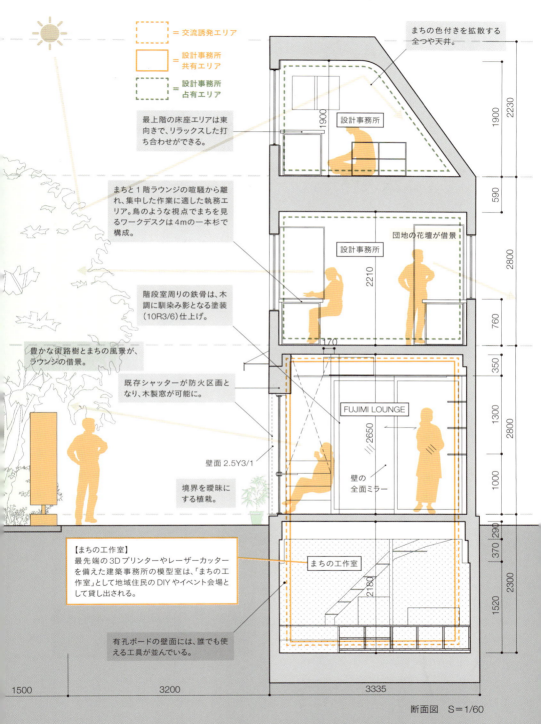

断面図　S=1/60

01 ｜ FUJIMI LOUNGE　交流と交通の拠点として回遊性をつくる

ベッドタウンのバス停を休憩所にする

東京と周縁の経済をつなぐ大動脈・甲州街道沿いのまちとして発展してきた調布市富士見町は、集合住宅や戸建て住宅、都営や市営の団地が建ち並ぶ人口約9000人(2020年10月現在)のまち。深大寺や神代植物公園、調布飛行場、映画の撮影所などを半径2km圏内に抱え、生産緑地は70を数える。暮らしと観光と農業との風景が混ざりあい、見どころも多い。このまちから調布駅へ向かう人や自転車が行き交うバス通りに、FUJIMI LOUNGEがある。駅から徒歩15分、バスで4停留所という駅前から少し離れたバス交通圏に位置している。FUJIMI LOUNGEは「地域交流・交通拠点×〇〇」のネットワークで構成するmicro public network(複数の小規模拠点を連携させる面的な地域づくり)を実証する実験場として設計している。地域での位置づけや空間の運用方法をアップデートしながら、自分たちの足元を活性化する拠点として運営し始めた。路面店を併設する設計事務所の開設は、海外で働いていたときに見たレンゾ・ピアノのパリ事務所からインスピレーションを受けている。1階の模型室は大開口でまちに開かれ、道行く人々がモノづくりの現場を覗き込んでいた。世界最先端のクリエイションがまちの日常と隣り合わせにある光景をつくるのが、独立前からの目標だった。

事務所スペースをまちに投資する

ラウンジ部分の初期投資は、設計事務所であることの利点を活かし、設計・施工や各種備品購入の支出を抑え、最小のキッチン設備や一部自主施工として500万円程度。ブックカフェの書籍や展示物は事務所私物を活用して費用を抑えている。拠点運営の損益分岐点は、営業7時間のワンオペレーションで売上2万1000円/日である。2019年5月の開業後は順調な立ち上がりを見せたが、新型コロナウィルス蔓延による営業危機を迎える。その後のメニュー改定やイ

「富士見町住宅前」のバス停

シェアサイクルによって広がるバス停圏の回遊とアクティビティ

「まちの工作室」は、高い遮光性と有孔ボード壁面の遮音性によって、対談イベントや動画上映の会場にもなる

集中した作業ができる2階の建築事務所。打ち合わせなどには1階のラウンジも活用している

FUJIMI LOUNGE + SUGAWARADAISUKE建築事務所

空間とサービスのシェア

		FUJIMI LOUNGE	⇔	SUGAWARADAISUKE建築事務所
共同利用		まちの工作室	→	模型室
		まちのライブラリー	→	参考図書
閉店日利用	カフェラウンジ		→	応接室
			→	会議室
			→	臨時執務室
	小商い空間のレンタル		→	月1回無料トライアル
社員割引	カレー＋賄いランチ		→	割引ランチ
	ドリンク・スイーツ		→	各種ドリンク

初期投資額

項目	費用(万円)	内訳 ※[ ]内は設計事務所負担割合(額)
内装	400	[50%(＝200万円)]
家具(新規購入)	19	椅子1.5万円×6脚＋2万円×4脚＋外部ベンチ2万円
家具(既存利用)	47	事務所で使用していた椅子2万円×4脚＋テーブル6万円＋ベンチ2万円×2脚／コトブキ社会実験寄贈19万円／サンプルテーブル5万円×2
飲食用キッチン	40	[20%(＝8万円)]
書籍	30	100冊×3000円
コーヒーメーカー	61	ドリップ＝ミル5万円＋器具10万円／エスプレッソ＝ミル20万円＋マシーン20万円／水出し＝3万円×2脚
合計額	597	
	−285	設計事務所共同運営メリット
拠点負担額	312	

[支出] 運営費 (月額)

項目	費用(万円)	内訳
人件費	11.2	0.8万円×3.5日×4週＝11.2万円
家賃	8	近隣の家賃相場価格(広さ・駅からの距離・価格)より算出
光熱費	1	
雑誌定期購読	1	4冊×2500円
仕入れ費	4.4	
合計額	21.2	
	−10	設計設計事務所共同運営メリット　固定費＝11350円/日＝(人件費：約1050円×7時間＋光熱費地代：4000円/日(月額8万円))
拠点負担額	15.6	

[収入] 売上 (月額)

項目	金額(万円)	内訳
飲食売上	14.8	(金0.9万円＋土日1.4万円×2日)×4週
イベント収益	2.4	(マルシェ4万円×2回＋ラウンジレンタル2万円×4日工作24日＋単発イベント4万円×2回)÷12カ月＝2.4万円
合計額	17.2	

ベントの効果もあり自走しつつあるが、現在は設計事務所の資金で支える「投資フェーズ」にある。テラスを含む12席に加え、テイクアウトや小商い、イベント運営や空間レンタルと連携した売上確保を目指している。

ニーズへ柔軟に寄り添える拠点運営
運営は、周辺住民でもある拠点パートナー（アルバイト）と共に日々、試行錯誤している。メニューは開業当初に筆者が考案したラインナップを、投資金額から導き出された最小限のキッチンサイズ、客層と客単価によって適宜変更。収入の主軸も、アルコール提供を積極的に行う飲食から空間レンタルまで大きく揺れ動いてきたが、平日は事務所利用とし、カフェラウンジの運営を地域の利用ニーズが集中する金～日曜日の昼に限定し、金曜日の夜と週末には様々なイベントを行う現在の運営に辿り着いた。イベントは筆者が企画し、建築設計事務所のスタッフとラウンジスタッフで具体化する。小さいからこそ、時々の場の属性によってスタッフが様々な役割を分担しながら運営している。

回遊性を生む拠点の知恵をストックする
身近な社会への視点、BtoCの経営、人的ネットワークへと視野を広げる拠点運営が、設計事務所として取り組むプロジェクトとも知見の循環を生んでいる。
ラウンジの空間構成や設備、様々な運営形態のトライアンドエラーによる収益モデルの構築は、これまで設計を手がけた交流・交通拠点でのノウハウを下敷きにしている。さらに、設計で関わった地域や人の産品を、カフェで提供・販売するアンテナショップのような運営によって、地域内の他店との差別化を行っている。また、設計実務で養われた、問題発見と解答の実現を行う建築思考を活用し、教育ベンチャーと子供向けワークショップや、社会課題に合わせたクリエーターによる講演会などを開催している。これをまちづくりや他分野での新規ビジネス構築のためのワークショップの開発機会として活用している。そして、住民参加型のマルシェや絵本の地域内循環を目指した本棚などの取り組みは、地域内の交流や活動創出の実証実験となっている。

このような様々な取り組みは、回遊性の中心となる拠点の配置と空間構成だけでなく、運営を合わせたコンサルティング業務の展開を可能にした。今後、拠点運営を行う建築設計事務所にとって汎用性のある新たなビジネスモデルとなることを期待している。
（菅原大輔）

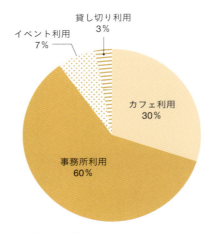

拠点運営の時間割

建築概要	
構造	鉄骨造 4階（地階＋地上3階）
施工	原建設（地階、1階）
	藤井工務店（2階、3階）
敷地面積	64.22㎡
建築面積	31.27㎡
延床面積	110.61㎡

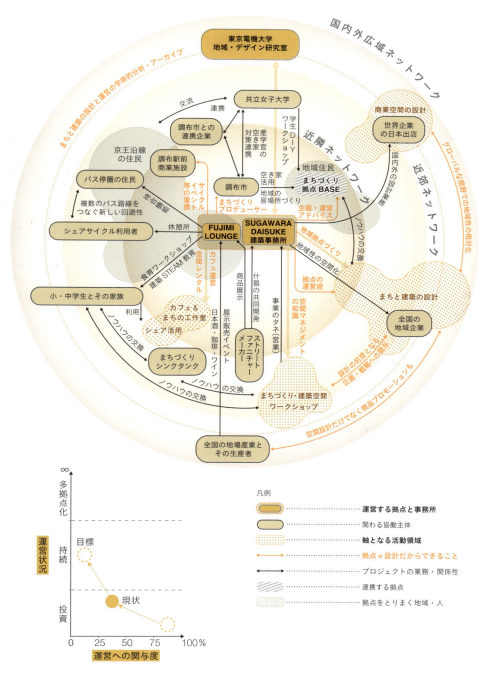

拠点運営の現状と目標

02 LAB Tsuyama
未来の文化を共創するリビングラボ

設　　　計	株式会社 和田デザイン事務所
-	-
所 在 地	岡山県津山市林田町18
営業日時	オモヤ：週3日ほどオープン（不定休）／ハナレ：不定休

空間を豊かにする、現しにした梁。

時間の蓄積や改修の痕跡、歪みやキズを残しながら繊細にレイヤーを重ねていることをデザインした建具枠。既存の傾きに対して、新しい水平ラインを入れている。

アイデアルームには、壁面投影できるプロジェクター、流れのまま気軽に書き込めるホワイトボード壁など、工夫や道具が揃う。古民家だけれども使い勝手が良く、言動や行動が絶えずスムーズに表現できる。"LAB"が体験できる、アイデアを生んだり整えたりする場所。

多様な起点やコミュニティを育むきっかけになり始めている本棚。施設の中心的要素で、将来的に「レンタル本棚」にするなど、本がテーマのイベントを企画することも考えている。

建物の雰囲気に合わせて骨材を現しにし、あえて仕上げていない壁。入口正面で、施設のコンセプトである「未完成」を表現した。

靴を脱いで、くつろげる畳。少人数でも大人数でも快適な使い心地で、土間のスペースから少し気持ちを切り替え、クリエイティビティを発揮することができる。

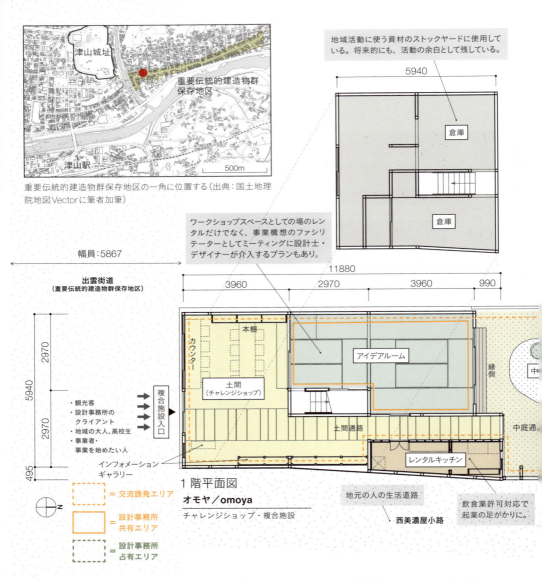

重要伝統的建造物群保存地区の一角に位置する（出典：国土地理院地図Vectorに筆者加筆）

1階平面図
オモヤ／omoya
チャレンジショップ・複合施設

　LAB Tsuyamaは岡山県津山市の重要伝統的建造物群保存地区である"城東地区"にて立ち上げた、設計事務所のもう1つの仕事場「オープンイノベーションの拠点」だ。江戸時代建築の「オモヤ」と昭和時代建築の「ハナレ」の2棟の古民家からなる「其々のまちの入口」をコンセプトにした複合施設となっている。出雲街道に面する「オモヤ」は、観光客には「インフォメーション&ギャラリー」「地域×デザインの商品が手に取れる場」、事業者にはユーザーとの接点となる「チャレンジショップ」、中高生や地域の方にはデザインリテラシーを高める「本棚・アイデアルーム」を有する。一方、内庭を挟んで奥に建つ「ハナレ」は、ゲストハウス・コワーキングスペースとして運営している。

オモヤや近隣の屋根並みを見下ろせる洋室。

多目的に使える中庭

設計事務所が家や店舗・ホテル等の打ち合わせに使う。施設全体がショールームとしても機能し、建材や照明の大きさや雰囲気の確認ができる。

8畳に床の間と多人数に対応できる和室。

ハナレ
2階平面図

・観光客
・コワーキング利用者
・設計事務所のクライアント

ゲストハウス・コワーキング入口

ハナレ／hanare
ゲストハウス・コワーキングスペース

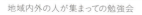

地域内外の人が集まっての勉強会

出雲街道や城下地区など、まちを散策する拠点になっている

02 | LAB Tsuyama　未来の文化を共創するリビングラボ　045

オモヤの外観。重要伝統的建造物群保存地区内の江戸時代の古民家を再生したファサード。暖簾が映える

オモヤ／omoya 南北断面図

ハナレの1階ダイニングキッチン。調理器具や食器も揃い自炊ができるので、学生の長期研修などでも好評

ハナレ1階のワークスペース。コワーキングスペースとして利用可能。地元高校生が製作した卓球台テーブルが目をひく

ハナレ2階の客室1と2。古民家群を見下ろす「瓦ビュールーム」は、和室を洋室に改造した落ち着きのある宿泊室(左)。「タタミルーム」は多人数で泊まれる和室(右)

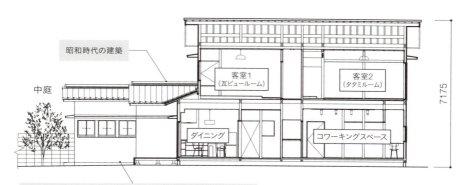
ハナレ／hanare 南北断面図

1階は、オモヤ・中庭・ハナレを通してパブリックに開かれている。
2階は、宿泊者がまちに暮らすようにプライベートな時間を過ごすことができる。

02 | LAB Tsuyama　未来の文化を共創するリビングラボ　047

人が目的と主体性を持った
まちのプレイヤーになる場所

津山市は、岡山県県北最大の都市で人口約9万9000人、歴史は古く300年前の美作国の時代から宿場町として発展を遂げ、江戸時代には近現代に続く礎を築いた洋学者を多く輩出した。建築家・吉阪隆正先生の先祖に当たる箕作阮甫のルーツもここにある。震災や天災に遭うことなく、様々な時代を見届けることができたこのまちには、江戸・明治・大正・昭和・平成と時代をアーカイブしたような町並みが続く。その一方、現代では一地方都市として人口の減少や少子高齢化の真っ只中にいる。LAB Tsuyamaは2020年に開設したが、当初の調査で「城東地区」には121件もの空き家があり、高齢化率は45％と歴史の魅力とは裏腹に現代の課題を抱えていた。

設計事務所としては、地域に2つの魅力を感じていた。1つは、本社のある自然あふれる環境であること。もう1つは歴史のある地方都市であること。衰退しているかのように見える歴史地区に対しては、設計事務所として動かざるをえなかった。無力でいたくなかった。

地域の人が気軽に足を運べる場所であること、空き家のことを考えたり、事業者が学んだり、設計事務所がトピックスを立ち上げることで、近所の人を目的を持ったまちのプレイヤーに変えていく。中高生が集い地域のことを学んだり未来を語りあう「つやま城下ハイスクール」、飲食事業者が高齢化の進むエリアで食の提供を行うACP（アドバンス・ケア・プランニング）勉強会など、地域の持つ可能性や課題に向きあいながら、様々な展開を試みている。

設計事務所として、クライアントワークではなく、自らまちのニーズを捉え提案できるような業務を築いていきたかった。

無理のない範囲での改修や運営

普段のクライアントワークでは出会うことのない

オモヤの土間。ローリスクで新事業のトライアルができるレンタルスペースとして提供

オモヤのレンタルキッチン。飲食業許可対応済みの厨房も新事業に挑戦できる仕掛けの1つで、施設に賑わいを生んでいる

オモヤのカウンター。街道沿いの格子窓に面しており、写真映えすることから商品の展示スペースやカウンター席として人気

LAB Tsuyama ＋ 和田デザイン事務所

空間とサービスのシェア

	LAB Tsuyama	⇔	和田デザイン事務所
共同利用	インフォメーション	→	情報発信拠点
	ギャラリー	→	開発室・展示室
	チャレンジショップ	→	開発室
	レンタル本棚		参考図書・地域活動・プロモーション資材
	アイデアルーム	→	ワークショップスペース
	コワーキングスペース	→	会議室
閉店日利用	飲食店		情報発信拠点
			開発室・展示室
	物販	→	開発室・展示室

初期投資額

項目	費用(万円)	内訳　※[ ]内は設計事務所負担割合(額)
内装(オモヤ:複合施設用途部分)	721	空き家改修、土間・室内改装、キッチンショールーム [25%(＝180万円)]
内装(ハナレ:宿泊・ダイニング・コワーキング用途部分)	1,442	空き家改修、室内改装、キッチン、水回り設備ショールーム [25%(＝360万円)]
家具・備品(オモヤ)	151	ベッド、テーブル、椅子、寝具、キッチン備品など [33%(＝50万円)]
家具・備品(ハナレ)	27	プロジェクター、スクリーン、音響機材、本棚、展示棚など [50%(＝13万円)]
合計額	2,341	
	−603	設計事務所共同運営メリット
	−200	設計費＋デザイン費
拠点負担額	1,538	

[支出] 運営費 (月額)

項目	費用(万円)	内訳　※[ ]内は設計事務所負担割合(額)
人件費	12.8	0.8万円×4日×4週＝12.8万円[25%(3.1万円)]
家賃	4.5	駐車場含む[45%(2万円)]
光熱費	1.5	電気代＋ガス代＋水道代＋通信費[33%(0.5万円)]
合計額	18.8	
	−5.6	設計事務所共同運営メリット
拠点負担額	13.2	保険、消耗品費等その他支出は含めずに算出 その他、広告宣伝機能(2万円/月相当)

[収入] 売上 (月額)

項目	金額(万円)	内訳
飲食出店料売上	3.2	
宿泊売上	16	
講座室利用売上	3	
合計額	22.2	その他：出会いの創出機能 (建築設計・デザイン相談・イベント主催など)

ような地域のニーズ・課題・人物と出会えることも、コミュニティスペースならではの魅力の1つだ。設計やデザインをする者にとって、新しいインプットは新しいアウトプットにつながっていく。

建物の改装については、2段階で行っており、2020年時は最小限の改装としている。その後2022年には、観光に関する補助金の支援をいただき、少し大がかりな改修をすることができ、宿泊施設としての設備も整った。

現時点では、この施設は単体で採算が合うようには設定されていない。支出のポイントは水道光熱費・家賃程度で、後は変動費として考えている。そのため、人の往来が少ない平日は店舗を閉めていることも多く、週末にチャレンジショップ等の運営を行っている。会社経営上、時間・費用などの余力があるときに段階的な整備を行っていった。毎日運営することも現時点ではしていない。宿泊は無人でも運営できる仕組みを採用している。

まちへの拡がり・人と人のつながり

LAB Tsuyamaを通して、1.2kmある伝建地区内で私たちがリノベーションを手がけた施設も着々と増えている。観光誘客の流れも行政ともども進んでいる。まちの往来も、将来的には少しずつ増えてくることが見込まれている。いずれは、平日に店舗を開けても採算がとれるようになるだろう。地域には隠れたニーズも多く、朝早く店舗を開けることや観光客に向けた飲食・物販の提供等の可能性も尽きない。

立ち上げ時の運営は、設計事務所のメンバーが試行錯誤しながら行った。今後はLab Tsuyamaが人と人をつないでいく場となるように、コミュニティマネージャーと呼ばれるスタッフを配置する予定だ。チャレンジショップ等の運営については、場のコンセプトに共感いただいた企業や団体とともにこの場所を盛り上げていけるよう、面談や会員制等のルールを設けている。

まちの未来を共創するリビングラボ

LAB Tsuyamaには、様々な人が想いを持って行き交う場所になってもらいたい。そこに設計事務所がアイデアや息吹を吹き込み、まちの未来をつくっていきたい。具体的には、空き家活用のセミナーで地域のことを学び、出張パン屋などチャレンジショップで自分のお店を持つ夢の第一歩を踏み出し、やがては地域にある空き家に自前の店を出店していくところまでつなげていく。実際、2020年の勉強会で出会った方は、2023年にギャラリーをオープンさせた。

和田デザイン事務所では、設計事務所としてハード整備を行うだけでなく、事業者のブレーンとして創業支援等を行うとともに「地域にあったらいいな、こんなもの」といったニーズを聞き出すエリアデザインを行う等、多視点で地域に関わることで、LAB Tsuyamaを拠点とした未来のまちを生み出していきたい。

まちの未来を共創するリビングラボとしての地域拠点は、「デザイン」をまちに開くことを目指している。デザインが持つ、アイデアを具体化したり課題を解決したり、ワクワクする未来を想像させるような力をまちへ開くことで、誰もがここを中心として、誰かのチャレンジを見たり、相談することができる。この影響し合う関係が、関わる人の"やってみたい""ワクワクする"という気持ちをさらに促し、新たな波及を生む重要な変化をまちに生み出しはじめた。
（和田優輝）

建築概要

構造	オモヤ：木造1階
	ハナレ：木造2階
施工	黒瀬ホーム
	KOUKENホールディングス株式会社
敷地面積	221.98㎡
建築面積	オモヤ：78.34㎡
	ハナレ：74.05㎡
延床面積	オモヤ：78.34㎡
	ハナレ：121.09㎡

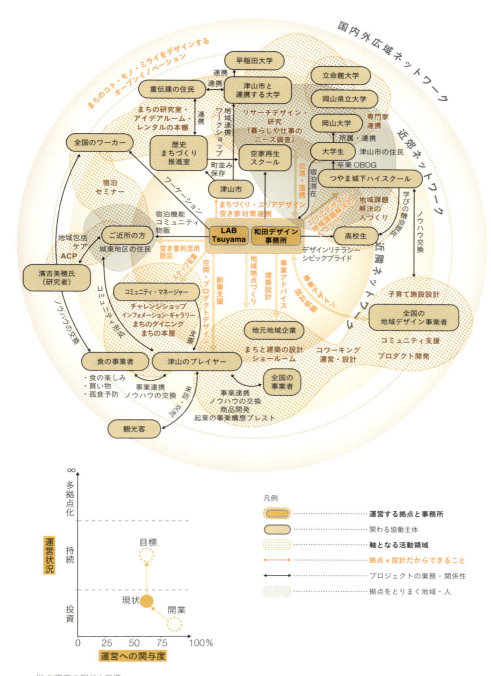

拠点運営の現状と目標

03 神水公衆浴場
有事にそなえる地縁の種まき

設　　計　　株式会社 ワークヴィジョンズ・合同会社 竹味佑人建築設計室・株式会社 黒岩構造設計事ム所
所 在 地　　熊本県熊本市中央区神水2-2-18
営業日時　　月・水・土・日 16:00〜20:00

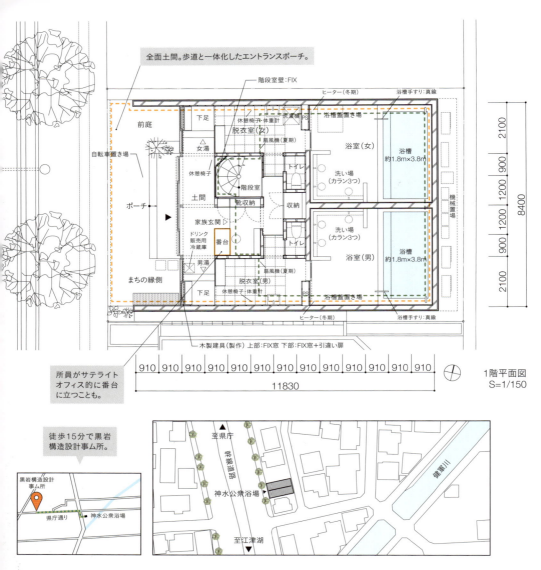

2016年4月、二度にわたり多くの被害をもたらした熊本地震が発生した。私が住んでいた分譲マンションも大規模半壊したので、自宅を再建することになったが、周辺は空地が増え、賑わいを失いつつあった。一方、断水が数カ月続き、銭湯に通っていたが、洗い場は人であふれ、髪等が詰まり、膝下まで排水があふれたこともあった。

新たな土地は、同じ地元で探し、その地下には豊富な地下水があったので、それを活用し地元に貢献できればと、自宅を銭湯にすることを思い至った。自宅の1階は、日常でも近所の人たちも利用でき、災害時は断水を踏まえ、小さくても地域の備えとなる銭湯付き災害支援住宅を目指した。

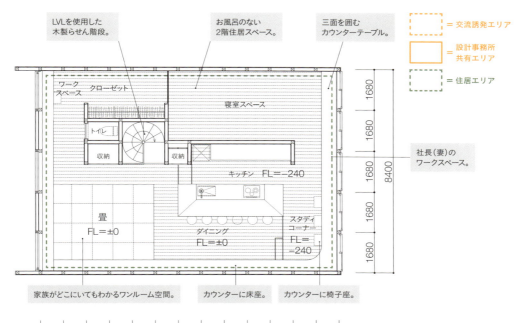

2階住居のロフト部分(左)と西側カウンター(右)

営業終了後は家族全員で大きなお風呂に入る

銭湯の清掃は、家族や所員、近所の方と行っている

03 | 神水公衆浴場　有事にそなえる地縁の種まき

超災害に対応する住宅と、地域の冗長性

様々な災害が世界各地で頻発する現在、自分の身にも降りかかる恐れがあることを改めて痛感した。2006年に地元に戻り、独立起業し構造設計に取り組んでいたが、その地元で2016年に震災があった。熊本地震で江津湖地域の住民は、市水が復旧するまで近くで自噴している江津湖の水を汲む生活を強いられた。その後も2020年の豪雨など、幾度となく被災し機能不全に陥るまちを見てきた。自分に何ができるかを考えたとき、銭湯をつくることを選んだのは、肉体的・精神的に疲れていた当時、隣町の温泉で癒され回復した経験からだ。非常時に麻痺する入浴機能を豊富な地下水で支えたかった。同時に、日頃から地域の人々が顔を合わせ、有事でも互いを助け合えるような関係性を築いておける、共助の醸成拠点をつくることも意図している。地方自治体は、災害時に大人数を収容できる広域避難場所を指定しているが、熊本地震では体育館の天井が落下し、広域避難場所そのものが使用できない地域もあった。1つの大きな災害拠点に頼る、これまでの公助依存型の都市モデルではなく、自助や共助の取り組みをうまく連携させられないか。町内会や小さなコミュニティ単位で支援し合える小規模な拠点がたくさん増えることで冗長性を持つことができれば、より安心して暮らせる社会が実現するはずだ。そんな問題意識から、まずは自ら住宅の機能を地域とシェアし、小さくても備えとなるネットワーク型の防災都市モデルを実践してみることにした。

家族・所員によるローテーション

銭湯の主な仕事は清掃である。銭湯の利用者にとって、清潔で快適な空間を提供することは非常に重要である。主な清掃は筆者夫婦が行っていたが、今年からすべて近所の人に依頼し、番台は娘や構造設計事務所の所員、大学生(私が大学の教員をしているので)が行っている時もある。お湯は源泉かけ流しなので、循環濾過

銭湯の入口。パブリックとプライベートが混在した空間は、玄関でもあり番台でもある

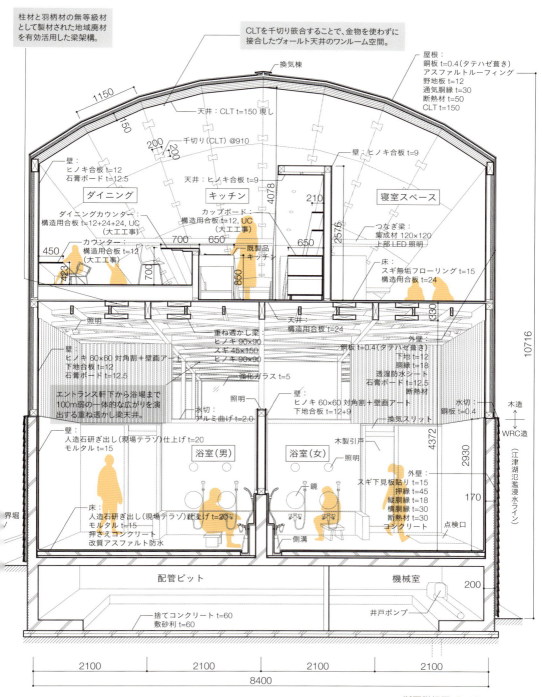

断面詳細図 S=1/80

03 ｜ 神水公衆浴場　有事にそなえる地縁の種まき

装置の清掃は不要である。ただし燃料費が高額となるので、銭湯を継続できることを優先し、営業時間を短縮している。

清掃後は、常識の範囲内であれば番台で何をしようと構わない。日常の仕事を済ませた筆者の両親が利用者とおしゃべりに番台に立ちにくる日もあれば、日常の仕事の中でも雑務を持ち込み、息抜きしにくる構造設計事務所の所員が番台に立つ日もある。イニシャルコスト・ランニングコストを減らすために面積を減らした意図もあるが、規模が小さいので、案内やセキュリティに関しては番台で管理でき、運営しやすい。また2階が自宅なので、移動のタイムロスもない。その分、365日家族の生活と銭湯運営は分かちがたく結びついている。さらに本業の構造設計事務所は徒歩5分程度の位置にあり、所員はいつでもタダで入浴できるので彼らにとっては福利厚生拠点としても機能している。本業・副業・生活の場が半径500m圏内にあり、家族も所員も、同じまちで暮らし働く1人の人間としてゆるく連携している今の状況は、銭湯だから成立しているように思う。

多世代・多様な人々がつくり出す場所として強化する

銭湯は元々地域と密接なので、公とも協力し、多世代交流の場づくり、地域イベントとのコラボレーション、音楽会や映画の上映会、地元の飲食店との提携、学校とのつながりを深めるなど、新しい顧客を獲得するために様々な催し物を行う予定だ。昨年は熊本大学の学生、近隣の企業や友人とワークショップ、夏祭りを行った。

また、健康とウェルネスの中心地となることも目指している。近隣にある広大な江津湖を利用しているランナーやフィットネスに対する取り組みも行う予定だ。

平日の来客は日常的な銭湯の扱い方をしているが、週末は多世代となり外国人も増えるため、多様性に配慮した空間も必要である。加えて、長期的な維持の観点からは、燃料費は避けて

ワークショップ時に作業台や展示スペースにもなる浴室

神水公衆浴場 + 黒岩構造設計事ム所 + 黒岩家

空間とサービスのシェア

	神水公衆浴場	⇔	黒岩構造設計事ム所・黒岩家
共同利用	銭湯 災害時は銭湯を無料開放	→	浴室
	交流広場 （ポーチ・土間・番台）	→	玄関 事務所（番台）
	駐輪場	→	庭（子供たちの遊び場）・土間
閉店日利用(週3日)	なし	→	入浴
社員割引	入浴	→	無料
	飲料品・備品	→	割引

初期投資額（2階住居部分をのぞく）

項目	費用（万円）	内訳
新築工事（銭湯分担分）	2800	自宅新築工事のうち銭湯分
家具（新規購入）	3	椅子0.3万円×4脚、桶0.3万円×6個
家具（大工工事）	5	外部ベンチ、棚、番台（2日人工）
源泉（さく井工事）	290	
飲食用冷蔵庫	3	
洗剤	1	シャンプー、コンディショナー、ボディソープ
清掃備品	0.4	
飲料品	2	
合計額	3104.4	

［支出］運営費（月額）

項目	費用（万円）	内訳
人件費	7.2	外注清掃費（0.4万円/回×18回＝7.2万）
家賃	0	持ち家のため
光熱費	15	ガス13万円、電気2万円
清掃備品費	0.2	
合計額	22.4	

［収入］売上（月額）

項目	金額（万円）	内訳
入浴売上	11	入浴料（大人450円、小学生150円、6才以下50円）
飲料・備品売上	2	
合計額	13	

通れない課題である。今後は、エネルギー効率の高い設備や再生エネルギーの利用を促進するとともに、廃棄物のリサイクルや削減、環境に配慮した取り組みも進める予定である。

私的な生活の一部をシェアする

生活の一部としてそもそも必要な風呂を拡大する程度なので、イニシャルコストはユニットバスより割増になったとしても、かけ流しの源泉はさく井工事を行い地下水を利用しており、リスクは多少軽減されるのではと楽観視していた。緻密なストラテジー等は一切なく、銭湯の親父となり5年が経った。家族や友人の協力もあり、多くの人々が訪れ、浴室はいつも賑やかだ。震災で大規模半壊した自宅の再建と、災害に脆弱な地元の暮らしを何とか支えたいという思いで始めた銭湯だが、皆が集い、安心してリラックスできる場所が地域につくれたことは何よりの喜びだ。

とはいえ、地域に根差した銭湯を長い目で運営し続けるためには、公的な支援の必要性も感じている。初期投資としての自宅兼銭湯の再建は、地元の幼馴染とのセルフビルドで総工費を90万円/坪に抑えられたが、運営は赤字と黒字を行き来する状況で経営は厳しい。原因は環境への配慮で選択した燃料・都市ガスの高騰にある。例えば東京都内の銭湯は都市ガスを含むクリーンエネルギー利用に約8割の補助金が出るため、安定した運営が可能となる。一方、地方ではそのような補助がなく、少しでも赤字を出さないために二酸化炭素排出が多い安価な廃油を使用する厳しい選択を迫られる。県や市から支給されるのは雀の涙程度の補助金やイベント風呂に必要な備品や衛生用品くらいだ。

当面は家族6人＋祖父母が日常的に使う家風呂を地域に開いていると考え折り合いをつけられるが、子供が大きくなるにつれ家族のかたちも変わる。地方にこそ、持続可能な地域の支えとして、銭湯を支援する仕組みが広がってほしいと願っている。まずは20年、近い将来運営に関わることになる筆者の子供たちが持つZ世代のしなやかな価値観も反映しながら、地域に必要とされる拠点として在り続けていきたいと思う。

（黒岩裕樹）

CLTを連結させた屋根と同じ構造の風呂椅子をつくる子供と大学生。

様々な形の千切りをつくる。

銭湯正面の土間で行われた大学主催のワークショップ。老若男女問わず様々な人が参加し楽しんでいる

行事ごとに酒風呂や晩白湯、しょうぶ湯などを行っている

建築概要	
構造	WRC造（地下階）、木造（地上階）
施工	住管理システム
	たねもしかけも
	ツカモトコウムテン
敷地面積	135.57㎡
建築面積	107.02㎡
延床面積	193.96㎡

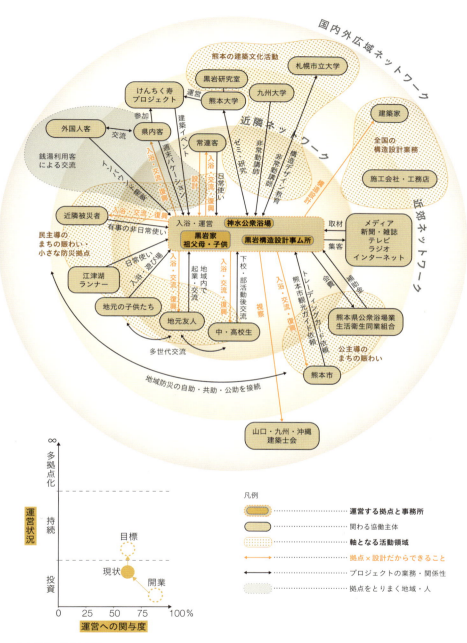

拠点運営の現状と目標

03 | 神水公衆浴場　有事にそなえる地縁の種まき　061

04 STOA
地域文化をつなぎ合わせ、新たな集住帯を育てる

設　計　スタジオメガネ
所 在 地　東京都多摩市落合4-16-1-105
営業日時　カフェ・ショップ：金 15:00～20:00、土・日 13:00～20:00

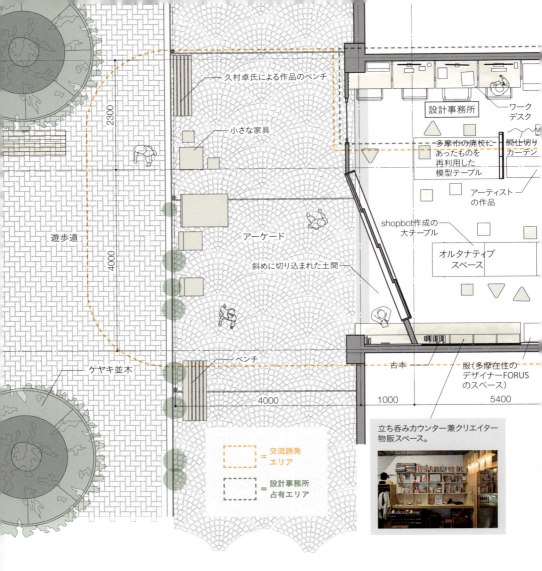

多摩ニュータウン・落合商店街に週末のみオープンする「STOA」。STOAとは古代ギリシアの列柱廊建築のことで、民衆が集う市や芸術家の発表の場としての公共空間の役割を担ってきた。STOAでは、多摩を拠点に活動するアーティストの作品や、新刊本や古本、パンとスコーン、服、チャイなど、「私たちが良いと思うもの」を扱っている。少しずつ設えを変化させながら、人や作品との偶然の出会いや新たな発見が生まれる場になりつつあり、ゆくゆくはここで新たなニュータウンのカルチャーが育っていくことを目指す。設計事務所である我々スタジオメガネが空間設計と運営を一体的に担うことで、関わる人や訪れる地域の人たちと会話をするなかでより良い空間のあり方を模索し続けることができている。

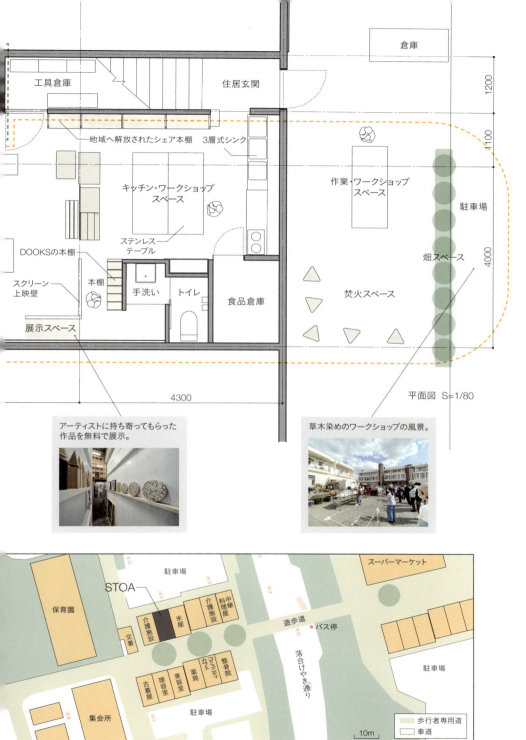

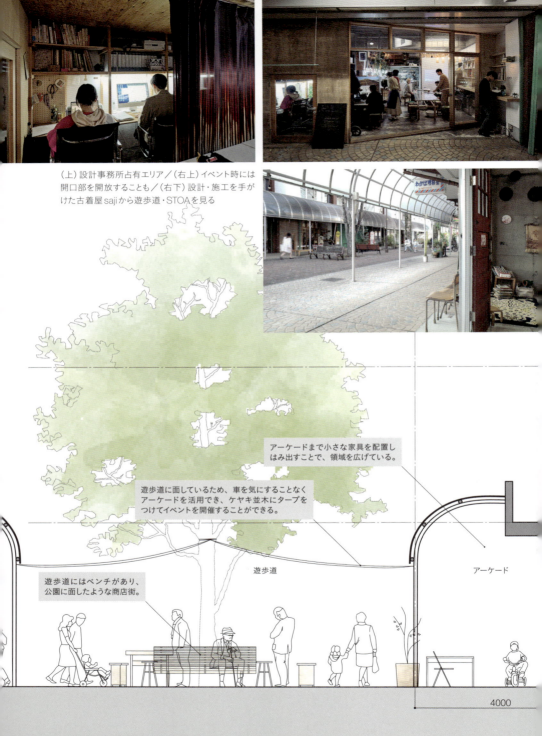

(上)設計事務所占有エリア／(右上)イベント時には開口部を開放することも／(右下)設計・施工を手がけた古着屋sajiから遊歩道・STOAを見る

アーケードまで小さな家具を配置しはみ出すことで、領域を広げている。

遊歩道に面しているため、車を気にすることなくアーケードを活用でき、ケヤキ並木にタープをつけてイベントを開催することができる。

遊歩道にはベンチがあり、公園に面したような商店街。

遊歩道　アーケード

4000

066　2部　設計して運営する15の地域拠点 ｜ 投資フェーズ

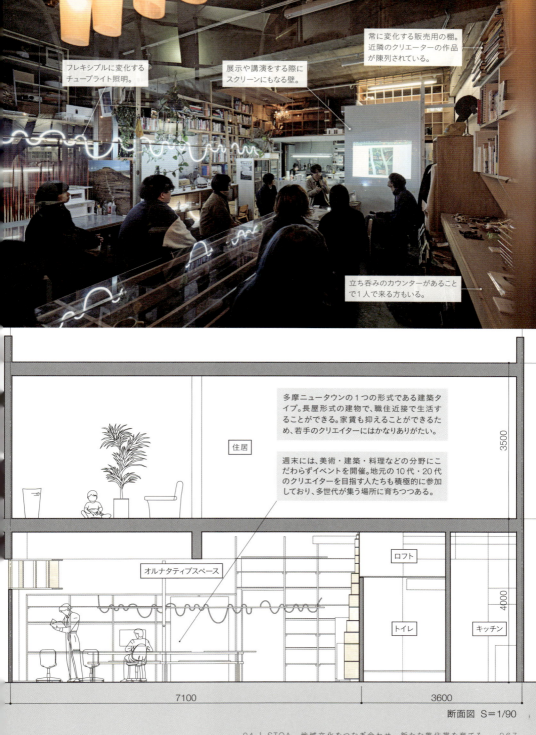

断面図 S=1/90

04 | STOA 地域文化をつなぎ合わせ、新たな集住帯を育てる

地域のカルチャーを育て、訪れる人の知的好奇心を刺激する拠点をつくる

多摩ニュータウンの開発が始まったのは、1960年代後半。1985年には人口が10万人を突破し、現在は約20万人が暮らしている。都心で働く人のベッドタウンとして新たにつくられたまちには、開発から半世紀以上が経ち、地域に根づいたライフスタイルや文化が所々に表れている。多摩ニュータウンで活動するなかで、多摩を拠点とするアーティスト・クリエイターが多くいることを知った私たちは、多摩に散らばる小さな取り組みやライフスタイル、文化を丁寧に読み解き、育てていく実践の場として、「STOA」を設計している。大切にしているのは、まず自分たちがほしいと思う場、ワクワクする場をつくることである。基本的に設計事務所やSTOAの活動を通して出会ったアーティスト・クリエイターの方々に声をかけ、作品を置かせてもらっている。丁寧にコミュニケーションを取り、STOAの空間の中で様々な作品が相乗効果を生むような置き方、訪れた方に手にとってもらえるような作品の紹介も積極的に行う。

飲食部門は、地域の方がなるべく入りやすく、コミュニケーションを取りやすくするために行っている。また、設計事務所として関わりのある小豆島での新たなコミュニティと多摩とのつながりをつくりたいと考えており、現地のクラフトビールやジュースなどの販売やイベントも行っている。

これらの活動を積み重ねることにより、地域に点としてある文化や取り組みが少しずつつながり、地域の新たなカルチャーとして育っていくことを目指している。訪れる人にとっても、作品を置いているアーティスト・クリエイターにとっても、そして運営する我々にとっても、知的好奇心を刺激される場となることを常に意識している。

商店街全体で循環を生み出す

2022年10月に始まったばかりで、経営・運営については日々模索している段階である。STOA

設計事務所と夜のバー営業が重なる風景

外の立ち飲みは、一人になれる場所

バー営業時の雰囲気

アーティストの製作場として駐車場を利用

STOA + スタジオメガネ

空間とサービスのシェア

	STOA	⇔	スタジオメガネ
共同利用	オルタナティブスペース	→	事務所オープンデー
	シェア本棚	→	参考図書
閉店日利用	オルタナティブスペース		会議室
			執務室
	キッチン	→	模型室
社員割引	クラフトビール		
	賄い		

初期投資額（STOA＋スタジオメガネ）

項目	費用(万円)	内訳
内装(自主施工部分)	50	設備部分、本棚など
家具(工務店施工部分)	70	外壁部分
家具(新規購入)	30	デスクなど
家具(寄付、拾い物)	3	補修費
飲食用キッチン	20	3層式シンク、コンロ等
オフィス設備	30	一般事務機器など
合計額	203	
	−93	設計事務所共同運営メリット
拠点負担額	110	

[支出] 運営費（月額／STOAのみ）

項目	費用(万円)	内訳
人件費	6	0.5万円×3＝1.5万円×4週＝6.0万円
家賃	5	STOA負担分(事務所・住居と按分)
光熱費	1	STOA負担分(事務所・住居と按分)
パン購入費	0.5	サブスクリプションで友人のパン屋さんにお任せ
仕入れ費	12	原価率60%(委託が多いため)
合計額	24.5	

[収入] 売上（月額／STOAのみ）

項目	金額(万円)	内訳
物販売上	20	(金2万円＋土日1.5万円×2日)×4週＝20万円の売上
物販売上	5	月平均の売上
イベント収益	2	食のイベント、ワークショップなど月1回程度開催の場所代
合計額	27	

を始めて感じているのは、設計事務所としての仕事の幅が広がることだ。場を開くことで実際に訪れて雰囲気を知ってもらうことができ、そこから新たなプロジェクトの立ち上げや仕事の依頼につながっている。例えば、本を置かせてもらっているブックレーベル・DOOKSのギャラリー展示構成に関わった。STOAという場が入口でなければ、設計事務所として携わることはなかったはずだ。

設計事務所としての広がりと同時に、落合商店街の店舗の1つとして、商店街全体が盛り上がることも意識するようにしている。2023年2月、スタジオメガネが設計・施工を手がけた古着屋sajiがSTOAの斜め前にオープンした。sajiに服を買いに来た人がSTOAに訪れて本を眺めたり、STOAに来た人がsajiで古着を見たりと、商店街の中で、訪れた人がお店を行き来する流れが生まれてきている。今後も商店街全体で人を呼び込む力を取り戻し、老若男女様々な人やもの、機会が循環していくあり方を目指す。

地域のライフスタイルやニーズに合わせ、常に変化を受容する

平日は設計事務所、週末はSTOAとして営業をしている。STOAの店先には金曜夕方になるとパンが並ぶ。土日が定休日のパン屋moi bakeryから引き取って延長販売を始めたところ、保育園や商店街帰りに毎週買いに来てくれる人も増えてきた。通りすがりの人が興味を持って、店内に足を踏み入れるきっかけにもなっている。時間帯や曜日により訪れる人や過ごし方が変わるため、作品の置き方を変えたり外にベンチを出してみたりとその時々に合わせて空間を調整する。設計事務所のスタッフがSTOAの運営も行っているため、STOAでのニーズを汲み取り、空間へすぐに反映することができている。

より普遍的に、その土地ごとの「STOA」を展開・実践していく

設計事務所をまちに開いたことで、それまで関わりの少なかったアーティストや地域住民と関わる機会が増えた。STOAの活動は私たちにとって仕事の幅を広げてくれると同時に、訪れる人にとっても偶然の出会いから新たな発想を生み、興味の幅を広げる場になりつつあると感じている。これからも常に変化を続け、多摩ニュータウンで次々生まれる作品や表現、活動を結びつける拠点であり続けたい。

また、設計事務所は、事務所がある場所に縛られず全国の様々な地域で仕事をする機会に恵まれている。ゆくゆくはそうした設計の面から関わりを持った地域において、その土地ごとの「STOA」を展開したいと考えている。地域ごとに、そのまちに根づくライフスタイルや文化、歴史を掘り起こし、カルチャーを育てていく拠点として展開・実践していくことが今後の目標である。多摩ニュータウンの商店街に住みながら働き、既存の共同体と私たちが育んできたクリエイターたちのコミュニティをつないだ結果、地域全体の中にここでしかできない文化活動が起こり始めている。設計事務所がつくる、「これ」といった機能が決められていないオルタナティブな空間だからこそできるコレクティブの形なのだと考えている。

（横溝惇）

建築概要	
構造	鉄筋コンクリート造 2階
施工	スタジオメガネ
	スタジオエイト（協力）
敷地面積	1600.00㎡
建築面積	403.20㎡
延床面積	134.40㎡

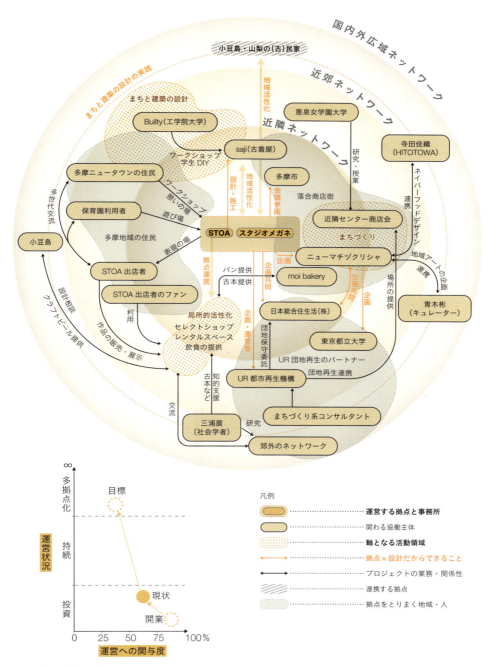

拠点運営の現状と目標

04 | STOA　地域文化をつなぎ合わせ、新たな集住帯を育てる　071

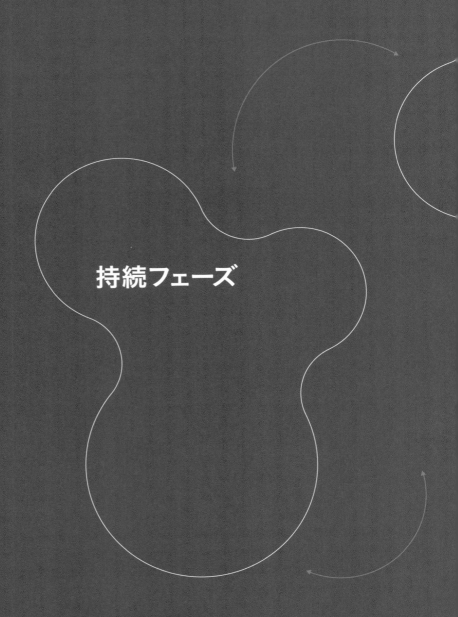

持続フェーズ

活動を一定期間継続した結果、持続的な運営が可能となった5事例を紹介する。

運営者と入居者が10年もの間、共同で場の自治を行っている大阪・中央区の〈上町荘〉。

渋谷・表参道の一等地で大家さんと共に

土地の記憶を継承する〈ミナガワビレッジ〉は7年目を迎えている。

山形市の中心市街地再生を担い、

6年かけて商店街の路上に賑わいを取り戻してきた〈Day & Coffee〉。

大田区の〈ノミガワスタジオ〉は本を媒介に身の丈の日常を共有し、5年目を迎えた。

食を通して再び地元とつながり始め4年が経った京都・宇治市の〈カレー設計事務所〉。

拠点運営の継続年数に比例して、

本業の設計依頼窓口やモデル空間機能が強化されている点も意識したい。

05 上町荘
大きな間口でまちと接続するシェアスペース

設 計	design SU 建築設計事務所・YAP inc.
所 在 地	大阪府大阪市中央区上本町西4-1-68
営業日時	ショップ：木〜月 11:00〜19:00／オフィス：月〜金 11:00〜20:00

大阪の上町台地に建つ「上町荘」は、2人の建築家によって運営される、シェアオフィスを中心とした複合拠点である。1階にテナントと街に開かれた設計事務所、2階に共有のミーティングスペースと工房スペース、3階には個人ブースのあるシェアオフィスがある。

1棟借りを目指し大阪市内を探し回って辿り着いた場所がここだった。当初はシェアを広げる予定はなかったが、余っていたスペースを友人に使ってもらっているうちに徐々に今の形になっていった。

開設して10年。様々な仲間が入居しては、巣立っていった。今では、2つの設計事務所（YAP、design SU）、Webエンジニア、洋服のリメイクデザイナー、ディスプレイデザイナー、キャンプ用品の倉庫兼オフィス、ヴィンテージの洋服屋など、多岐にわたるクリエイターが空間をシェアしている。

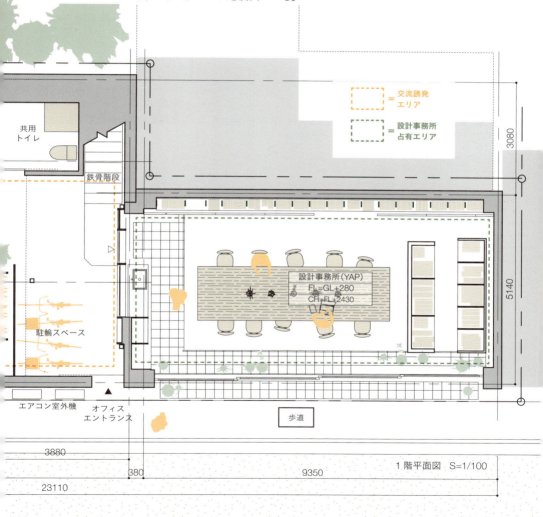

1階平面図 S=1/100

05 ｜ 上町荘　大きな間口でまちと接続するシェアスペース

交差点に向けて新たに設置した大扉。開くと一気に通りとつながる

= 初期（2013〜2015年）
= 中期（2016年〜）

かつて自動車のショールーム用につくられたパノラマのカーテンウォール

既存のフィックス窓4枚を撤去し、大扉を制作。

交差点に向かって開く大扉。人通りも昼夜問わず多い。歩道から販売品が見える。

ホール用エントランス

入居する設計事務所、Webエンジニアやデザイナーが占有するブースがある。

上町荘工事（2016年）
シェアオフィス

落下防止柵：コムウト工事（2016年）

4mの大扉。
中2階
手すり：大工・伊藤智寿工事（2013年）

ショップの什器はすべて可動式になっていて、別のイベントでもこの場所を使用できる。

イベントスペース兼アパレルショップ

交差点に向けて大きなフィックス窓を持つ建物。隅切り部分が外から縁側のように使えるようベンチを設置予定。

大扉：西上建設工事

078

設計事務所YAPのオフィス。横長で北側前面道路に向かって大きく開かれ、9m以上の幅で歩道と接する

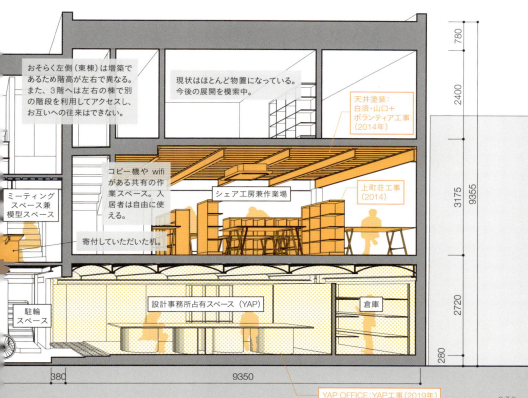

常に更新されるシェアの形

場所は大阪市の上町台地の上。古くから街として発展してきた地域で、お寺などが多い。少し足を延ばせば難波宮、大阪城などにも行ける。比較的交通量の多い交差点に吹き抜けのシェアスペースと設計事務所が面しており、通りからは常に動き続けるシェアの形がよく見える。
入居者は入口の鍵を共有し、各自のブースで仕事をしている。一方で電話やミーティングなどは、お互いに気を遣いながら共有スペースを自由に使う。運営側としても使いながら使い方を模索していて、メンバーからの提案には積極的にのるようにしている。
エリアごとに使い方が分かれているわけではなく、オフィスのようでそうでない場所やお店のようでそうでない場所が混在している。目的と違うことに出会うことができる場所として、シェアの形自体が常に更新されている。

必要なものだけ「都度」投資する

最初は約100坪のスペースのうち、建築家2人と大工1人でスタートした。当初は3人で10坪もあれば十分だったが、徐々に仲間が増えていき、自分たちの資金を持ち寄って、少しずつ場を設えていった。
さらにメンバーが増えると余裕が生まれ、徐々に設備投資をして使えるスペースを増やしていった。設備投資の方向は、メンバーからの提案に積極的にのっていったため、メンバーの多様性が上町荘の新しい使い方につながっていった。ビジョンを先行させず、メンバーの多様性に委ねて、運営は破綻が起きないようにコントロールすることがメインのタスクだった。

ホールの役割と、コロナ禍が招いた店舗誘致

開設から4～5年は、ホールで頻繁にイベントを開催していたこともあって、自然と出入りする人をつなぐハブとして機能するようになった。地域の飲食店主らとのつながりもあり、上町台地コ

屋上から上町筋の南方を眺める。お寺が点在する通りを上本町まで見通せる

2階のミーティングスペース。利用はメンバーのグループLINEで使用時間を伝えるのみ

借り始めたころの様子。机2つを置いて事務所として利用。ここから少しずつ広げていった

上町荘 + design SU + YAP

空間とサービスのシェア

	上町荘	⇔	design SU・YAP
共同利用	ミーティングスペース	→	模型スペース
	シェア工房	→	作業スペース
イベントの利用は申込時に日程調整	アパレルショップ	→	イベントスペース＋観覧席
入居者	ホールのレンタル	→	割引利用

初期投資額（2014〜2015年）

項目	費用(万円)	内訳　※[ ]内は設計事務所負担割合(額)
解体ゴミの処分	30	解体で出たゴミを産廃処理
内装工事(DIY)	30	塗料など[50%(＝15万円)]
電気工事	10	最低限の電気工事を発注
家具(もらいもの・粗大ゴミ回収)	10	友人からもらい受けた椅子、テーブル、冷蔵庫スチールラック、カラーボックス　[50%(＝5万円)]
合計額	70	
	−20	設計事務所共同運営メリット
拠点負担額	50	

［支出］運営費（月額の項目別割合）

項目	割合	内訳
人件費	0%	自治が可能な顔の見える入居者であるため
家賃	60%	1棟借りをシェアメンバーで按分
光熱費	25%	シェアメンバーで按分（入居日に含む）
通信費	4%	共用のWi-Fi、TEL
複合機	6%	シェアメンバーで共同リース（入居費に含む）
雑費	5%	トイレットペーパー、コピー用紙、そうじ道具など
合計割合	100%	
	40%	設計事務所共同運営メリット（≒YAP、disgn SU負担分）
拠点負担割合	60%	

［収入］売上（月額の項目別割合）

項目	割合	内訳
入居費	90%	シェアメンバー（2024年10月現在は5名）からの入居費
イベント収益等	10%	ホールのレンタル利用
合計額	100%	

ミュニティでも年々存在を認められるようになっていった。新型コロナウイルスのパンデミック期にはイベントの開催が困難となり、同時にシェアオフィスの需要が低迷し、10社・20人前後いたメンバーのうち少なくない数のメンバーが抜けた。そのため、それまで完全に共有だったホールに店舗が入居することになった。店舗にすることで不特定多数の人の出入りが増え、これが新規のシェアオフィス入居の窓口となっている。

つながりから生まれるコミュニティ

これまでトータル30組ほどのメンバーが上町荘に関わってきた。メンバーを集める条件としては2つ設けている。「"建築設計"以外の業種であること」と「上町荘のメンバーと何らかのつながりがあること」だ。

1つ目は、単一の業界で固まりすぎると、コミュニケーションの内容が偏り、関係が閉じてしまうと考えたからだ。多業種が集まっている状況を踏まえ、願わくばメンバー間での分野を超えた自然な協働が行われることを目指している。

2つ目は、運営者を常駐させず、メンバーであれば24時間365日自由に出入りできる環境を保つためだ。これには強い信頼関係が必要になるため、オープンであることを諦めて、どちらかというとセミクローズな関係が生み出す濃密なコミュニティを大切にしている。

そのために重要になるのが、運営側である建築家の白須・山口との「面接」を行うことだ。入居を希望される方と何度も会話し、上町荘を好きになってくれる人で、お互いに信頼関係が築けたときに初めてメンバーに加わってもらうことにしている。

寛容さを保ち続ける

明確で厳格なルールや「こうなりたい」という方針を自分たちで設定せずに、ゆるいシェアの形をこれまで10年もの間続けてきた。メンバーの「思いつき」をすぐに形にできるところが、上町荘の魅力だと考えている。

シェアの良いところは、目的や大義名分がなくても仲間がいればすぐに始められるところだ。そう考えると、運営が全体像をコントロールしないあり方、回路を閉じないあり方がこの場所を長く続けるコツなのではないかと思う。

出ていくことも入ってくることも気兼ねなくできる場所であり、いつ見ても未完成の状態であるというのは、「こんなことができるのでは」「こうなった方がいいのでは」とメンバー自身が想像を膨らますことができる。これが上町荘の原動力となり、これからも方針を持たないまま変わり続けていくのではないかと思う。

（白須寛規・山口陽登）

建築概要	
構造	鉄骨造 3階
施工	シェアメンバーによるDIY
	いとうともひさ
	コムウトfabricscape
	後藤電気
	西村工務店
	西上建設
敷地面積	153.00㎡
建築面積	137.76㎡
延床面積	349.88㎡

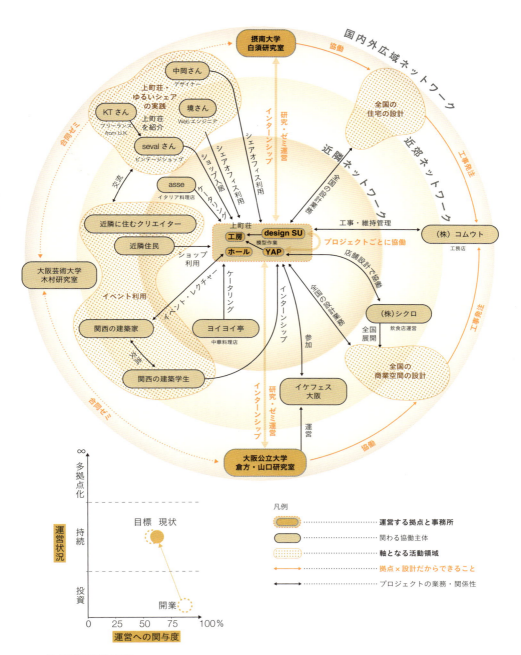

拠点運営の現状と目標

05 | 上町荘　大きな間口でまちと接続するシェアスペース　083

06 ミナガワビレッジ
地域を引きあわせるハブを担う

設　　計　株式会社 再生建築研究所
所 在 地　東京都渋谷区神宮前4-9-13
営業日時　カフェ：月、火、木、金 11:00〜18:00・土、日、祝 10:00〜18:00／
　　　　　レンタルスペース：土、日、祝 9:00〜21:00

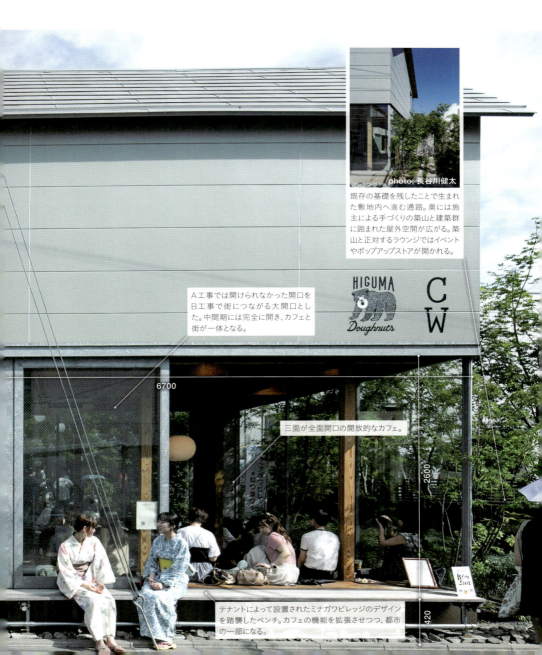

photo: 長谷川健太

既存の基礎を残したことで生まれた敷地内へ進む通路。奥には施主による手づくりの築山と建築群に囲まれた屋外空間が広がる。築山と正対するラウンジではイベントやポップアップストアが開かれる。

A工事では開けられなかった開口をB工事で街につながる大開口とした。中間期には完全に開き、カフェと街が一体となる。

三面が全面開口の開放的なカフェ。

テナントによって設置されたミナガワビレッジのデザインを踏襲したベンチ。カフェの機能を拡張させつつ、都市の一部になる。

回遊性と余白
各テナントへのアクセスは敷地を回遊する動線上にあり、建物の裏表を曖昧にすることで、建築の余白が豊かな外部空間を生む。また前面にはキッチンカー等を呼び込み様々な活動を許容する前庭的なスペースを設けた。

夏まつりの様子

築山の顕在化
道路際のC棟は、隣接するA棟に寄りかかるような構造とすることで柱の少ない開放的な空間を実現した。そのため、道行く人から築山が視認できるようになり、敷地の奥行きをつくり出した。

既存基礎の残用
敷地内通路確保のため、既存の基礎を残した。さらに基礎のレベルを活かした内装計画とすることで立体的なカフェ空間をつくり出した。

風の通り抜ける建築
南からの卓越風が通り抜けるよう、環境解析によって効果的な位置に開口を設けたA棟。庭からの風が吹き抜けを通して北東ハイサイドライトから抜け、自然な通風が促される。

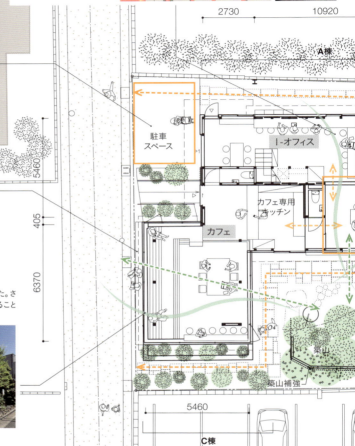

表参道に建つ築60年の木造共同住宅を、4戸の長屋(事務所兼用住宅)とカフェ、フリースペース、キッチン、庭からなる施設へ再生し、設計者自ら入居し、運営を行っている。
建物は当初、皆川邸として生まれた後、増改築が繰り返され、1つの敷地に複数の建物が建つ、検査済証のない違法建築となっていた。銀行融資を得るため、現行法への適合や耐震補強・断熱改修を行いながら検査済証を取得し、不動産価値も向上させた。敷地内の4棟の既存建物と手づくりの築山と庭がつくる複雑で豊かな状況をすべて引き受けている。適法化による是正を逆手に取りつつ、既存建物の配置から皆川さんの記憶に至るまでを引き継ぎ、多人格的でこれまでの時間の蓄積から切断されない建築を目指した。

人が集う創発のラウンジ

フリースペースは確認申請上店舗であるが、半共用的に利用される、築山に面した明るい空間である。各住戸と隣接し、入居者・来訪者に多様な事業や関係性を創発する。

平面図　S=1/200

豊かな軒下空間

確認申請上、1つの建築として扱うために重ね合わせた軒の下に広がる空間。隣接するキッチン(D棟)と連動し、イベントや食事を行うスペースとなる。

和菓子ワークショップ

凡例：
- 風の動き・流れ
- 入居者の動線
- 視線の抜け・方向
- 人のたまり

表参道に残った築山

敷地内に残存していた築山は、現・大家が幼い頃に駆け回った思い出の詰まった場であった。築山を残すために補強を行ないながら、可能な限り既存樹木を残した。皆川邸の記憶を継承しながら、現在はミナガワビレッジのシンボルとして表参道とは思えない環境をつくり出した。

既存のRC基礎や木造柱、新規の耐力壁などが交じりあいながら、立体的に形成されたカフェ空間

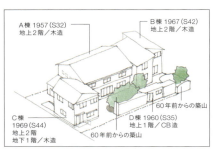

before: 既存物件の履歴

after: 記憶を継承する再生設計

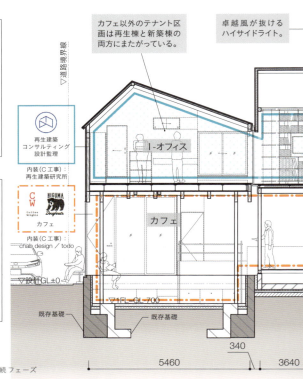

再生前は書庫として使われていた建物(D棟)を共用キッチンに再生。

築山は転倒防止の補強柵を設置し、手を加えずにそのまま保存した。

photo：長谷川健太

ラウンジに正対する築山が風景となり、奥には人が溜まる軒下空間が広がる

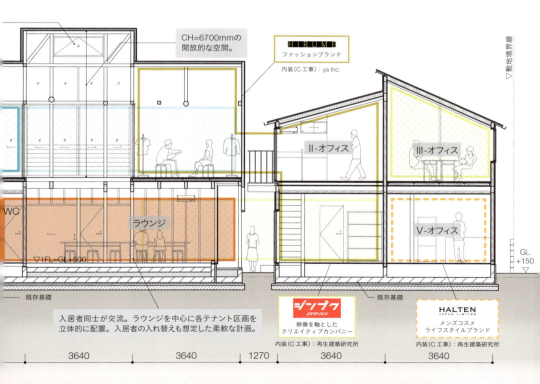

入居者同士が交流。ラウンジを中心に各テナント区画を立体的に配置。入居者の入れ替えも想定した柔軟な計画。

新築ではつくれない場所の価値

表参道は常に人であふれ、流行の最先端として「更新」され続けているが、60年前は閑静な住宅街であった。1957年当時、皆川邸は所有者の皆川さんによって建築され、その後、自身で築山をつくったり増築を行ったりして「皆川荘」となり、1969年に増築され「ミナガワビレッジ」となった。当時出された確認申請の用途は共同住宅であるが、今の仲介業者を入れるスタイルとは異なり、皆川さんは住みながら大家として、入居者を迎え入れ、時には庭でBBQを行い、近隣や入居者と交流していた。

2017年に皆川さんが亡くなった後、時間が凍結したように役割を終えていたミナガワビレッジだが、相続で引き継いだ現大家と我々は、凍結した時間を取り戻すべく大家システムを継承。現在は設計者自身が入居し、大家と共にフリースペース（通称：ラウンジ）の運営と入居者のリーシングを行っている。魅力ある入居者が集まり、定期的にイベントが開催され、日々ラウンジで交流を深めている。人があふれるハレの場ではないが、常に誰かが止まり木のようにこの場所を訪れ、交流を通じて成長していく場所となっている。皆川さんが残した建物を「更新」するのではなく、記憶を引き継ぎ、時間や記憶を積み重ねていく場所へ「再生」した。

建物そのものが事業の価値になる

ミナガワビレッジは、4戸の長屋（事務所兼用住宅）とカフェ、ラウンジ、キッチン、築山と庭からなる複合施設であり、運営・管理は大家と設計者が共同で行っている。再生前の建物には、表参道とは思えないほど緑豊かな築山と庭、書庫が存在していた。皆川さんがDIYでつくった築山は、現大家の自宅の庭を整備した庭師により再生された。南側（D棟）の書庫は我々の手でキッチンに改修。築山に面するラウンジは入居者が日中自由に使用でき、夜間や土日祝日にはレンタルスペースとして希望者に貸し出している。入居者は、再生というコンセプトはもちろん、この築山と庭を望むラウンジに魅了されて入居することが多い。

施設全体の事業収支は、テナント賃料ですべて回収できるようにしている。つまりラウンジは収益目的の場所ではなく、ここを訪れ気に入った方々がレンタルする形で運営されているため、積極的な営業を行うことなく、自然な運営が成り立っている。我々も入居者らと懇親会を開くなどこの場を愛用しているし、クライアントからもよく、

夏に行われる夏祭り

テナントによるお月見

年末に行われる餅つき

ミナガワビレッジ ＋ 再生建築研究所

空間とサービスのシェア

	ミナガワビレッジ	⇔	再生建築研究所（テナント）
共同利用	共用ラウンジ	→	打ち合わせ・イベント・会食　5000円/時〜
	共用キッチン		イベント・会食・昼休憩　5000円/時〜
	共用庭		イベント・会食・昼休憩　2000円/時〜

初期投資額の項目別割合

項目	割合	内訳
内装（ラウンジ分）	0	A工事
内装（キッチン・庭分）	0	A工事
ラウンジ内家具（新規購入・DIY）	56%	
ラウンジ内備品（新規購入・DIY）	44%	
譲受備品多数	0	当時のオーナーが所有していたコレクションなど（仏像・建具・表札など）
合計割合	100%	

［支出］運営費（月額の項目別割合）

項目	割合	内訳
人件費	76%	運営事務局担当：1名（時給×7時間）
家賃	0	大家負担
光熱費	0	大家負担
運営備品費	4%	消耗備品
イベント主催費	20%	夏祭り、餅つきなど、地域の方を招待する無料イベント
合計割合	100%	支出総額は収入の94%に収まっている

［収入］売上（月額の項目別割合）

項目	割合	内訳
テナント共用部利用費	33%	テナント5社
テナント看板掲出費	2%	テナント4社のうち数社
運営業務委託費	41%	
外部利用	24%	
合計割合	100%	

「打ち合わせならミナガワビレッジに行きたい」と言われる。場の価値を実感する日々だ。

長屋的なつながりを運営に活かす

ミナガワビレッジの入居者募集は、仲介業者なしで大家と直接面談を重ねる「ご縁」にこだわっている。入居者は基本的に3年の定期借家契約で入れ替わり、この場所を拠点に成長し、事業規模が大きくなると手狭になって巣立っていく。空室が出た際も、ここを訪れたことのある人が「ご縁」で入居する。要するに入居者の循環を前提とした運営だ。また、設計者である我々は、いち入居者でもあり運営者でもあり、月に一度大家と対面で定例会議を実施し、手を取りあった運営を目指している。例えば春はタケノコ堀り、夏は夏祭り、秋はお月見、冬は餅つきと、季節ごとに行われるイベントで入居者同士の交流を促し、昔ながらの長屋的なつながりを大切にしている。

ラウンジは上述の通り、アナログな交流で訪れた方々の口コミのみで利用されている。外部に貸し出す際は企画書を提出してもらい、ミナガワビレッジのコンセプトに合わない企画はお断りしている。設計者・入居者・運営者という3つの立場から総合的に関わることで、建物を設計して終わりではなく、皆川さんがつくった長屋的コミュニティの変容を見届け、実践・継承することができているのではないか。

多様な入居者と季節の催し

設計者が運営を担うミナガワビレッジは、テナント誘致にも特殊性がある。入居者は映像会社からコスメブランドまで多岐にわたり、様々な業界の知恵が集結することで生まれる化学反応を空間活用にも落とし込んでいる。

例えば、地域に対する顔として餅つき大会や夏祭りなどのオープンイベントを行っているが、テナント同士が連動し、イベントの中にワークショップやポップアップストアなども組み込んでいる。

加えて、お月見などのテナント関係者のみのイベントも設け、交流を深めることで、各テナントがミナガワビレッジの運営に携わるようなスキームを形成している。

建築の佇まいやまとう空気を引き継ぐ

2018年にミナガワビレッジとして再生されてから6年が経過した。4つのテナントのうち半分が入れ替わったがリーシングはせず、仲介を挟まない大家システムで迎えた新しい入居者が加わった。皆川邸ができた1957年当時は住宅街であった表参道も、高層・高密度・商業化が大きく進む。古き良き住宅地も残る一方で、最新の建物と用途にどんどん様変わりし、表参道らしさも形を変えてしまった。しかし、皆川さんが60年間守り続け、その履歴を知る現大家に引き継がれたミナガワビレッジは、都市のエアポケットのように個性を保ち続けている。COVID-19によるパンデミックにも動じず、逆に余白を生み出している緑豊かな空間でテナントの内部利用が増えた。元入居者や利用者もイベントに訪れ、交流が続く。まさに現代版の「皆川村」が形成されている。これからも、昔の表参道らしさを知るこの場所が失われることがないよう、事業として自走し続けられる場の再生手法を確立しながら、人と用途が循環し、表参道の古くて新しい風景をつくっていきたい。 （神本豊秋）

建築概要

構造	木造2階
施工	ルーヴィス
敷地面積	454.06㎡
建築面積	238.32㎡
延床面積	421.79㎡

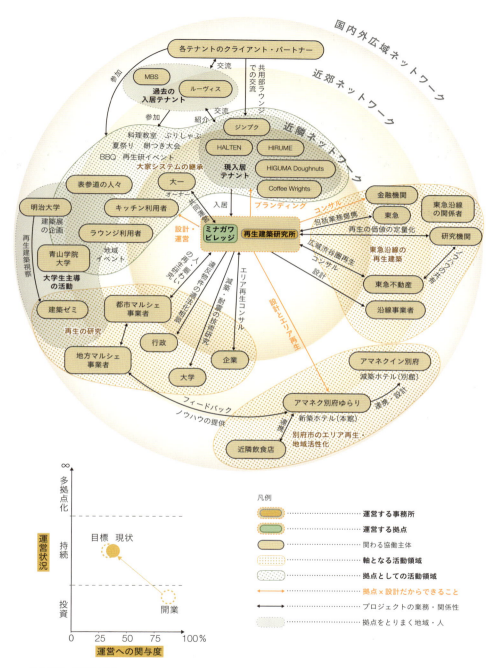

拠点運営の現状と目標

06 | ミナガワビレッジ　地域を引きあわせるハブを担う　093

07 Day & Coffee
事業を行い、まちのデザインに関わる

設　　計　株式会社 オブザボックス（運営：株式会社 デイアンド）
所 在 地　山形県山形市香澄町1-11-18 とみひろビル01
営業日時　コーヒースタンド：水〜月 8:30〜18:30

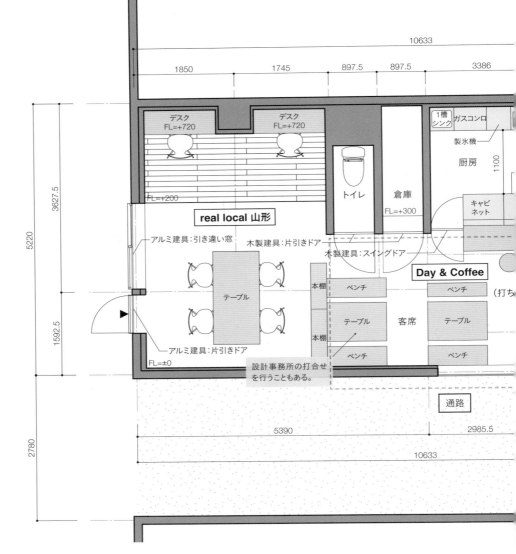

山形駅から徒歩5分のところ、すずらん通りにあるコーヒースタンド「Day & Coffee」。コーヒーを単なる飲み物としてではなく、気軽に楽しめる特別な飲み物として提供している。
コーヒーのトレーサビリティに着目し、産地や品質にこだわり、スペシャルティコーヒーを選定、豆のポテンシャルを最大限引き出すように抽出。すべての日に、特別なひとときを過ごしていただけるよう、サービス提供に努めている。
また、株式会社デイアンドがこの入居するビルの管理を担っているということも特徴の1つだ。情報が少ないといわれる地方においても、あらゆる選択肢を提示できるよう独立採算で、メディア開発や定期イベントも行い、まちに関わる接点を生み出している。

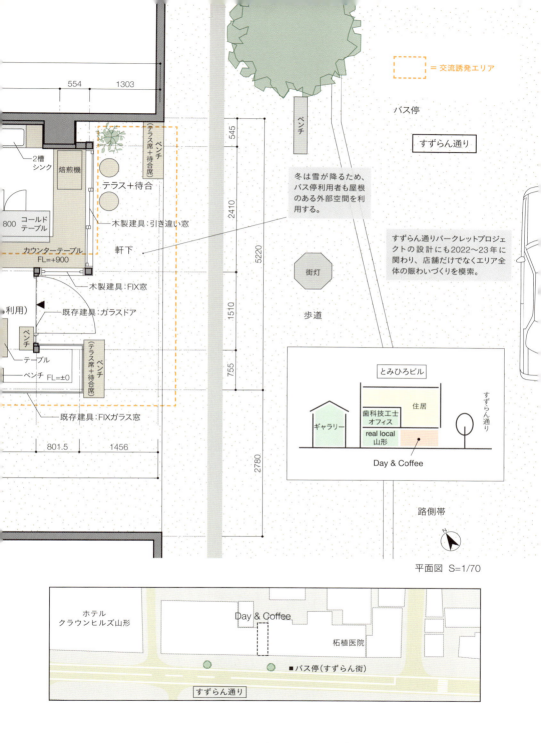

オーク材のフローリング端材を家具に再利用し、店内外什器・家具のコストをカット。

狭い店内を最大限開放的に活用するため、天井を解体し、コンクリート現しとした

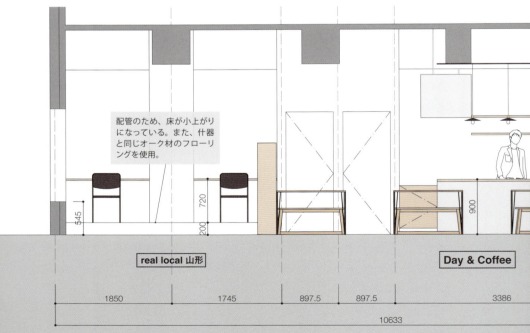

配管のため、床が小上がりになっている。また、什器と同じオーク材のフローリングを使用。

098　2部　設計して運営する15の地域拠点　|　持続フェーズ

仕入れのロスが出ないよう厳選した53種のメニューを提供している。

様々なお客さんがコミュニケーションし、地域の案内所としても機能している。

カウンターは木毛セメント板によるローコスト施工。内外を連続した仕上げにしている。

カウンターは、コーヒーの抽出を客席から見ることができるように高さ900mmと低めに設定している

街路とつながりを持つ建築が少ない通りにおいて、外に向かってコミュニケーションを行うことで、まちの人々の存在を可視化している。

セットバックした軒下空間にベンチを置き、積極的活用。ときには屋台を置いて活用することも

断面図 S=1/60

07 | Day & Coffee 事業を行い、まちのデザインに関わる 099

商業のみに依存しない商店街の模索

山形市は、山に囲われた扇状地に位置する人口25万人の中核都市である。2020年まで相次いで百貨店が閉店し、商業のみでは商店街の存続が難しく、今では山形県内に1軒も百貨店が存在しない状態にまで陥った。

2018年、東北芸術工科大学の先輩が代表を務めるデザイン事務所 little Design と、学生起業していた私たちのもとへ、防火建築帯の一角にある「とみひろビル」のリノベーションの依頼があった。対象地であるすずらん通りは、昼の商店街から夜の飲食街へと変化していた。この場所を昼夜問わず人が滞在する場とし、山形駅前で「山形の暮らし」を体現する通りにすべく計画を進めた。コンセプトは「商業」に依存しない商店街の模索。朝から営業するコーヒースタンド、昼稼働するオフィス、そして生活の拠点となる住居のミクストユースを実現した。

コーヒースタンドは、昼間に人々のアクティビティを感じ取れるように、既存の大きなショーケースを活かし、ガラス張りの開放的な空間を設計した。現在、この拠点だけでなく、通り全体の風景に関わり、より歩くことが楽しくなるように、セットバックした軒下や道路活用を進めている。

インタウンの建築家を目指す

学部3年時より商店街に関わりプロジェクトを行なっていくなかで、商店街のような小さな単位の、ミクロなまちづくりを仕事にしていきたいと考えるようになった。しかしながら建築家やデザイナーが介入しようとも、そこには予算もないため、仕事が生まれにくいという現実に直面した。

大学院生になり、デザイン事務所を法人化。さまざまなプロジェクトを進めていく中で、キャッシュフローに悩むようになった。仕事はあるものの、着金が遅れることもあった。そのため、別の収入源を得る必要性を感じていた。

建築家の処女作は自邸を建てることが多いが、投資回収の目処もない、とんでもない宣伝広告

改修前のとみひろビル。呉服店のショールームだった

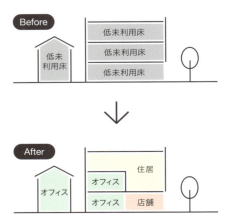

ミクストユースによる商業に依存しない商店街の模索

通りとシームレスな一体感を生み出す軒下の活用。4・5・9・10・11月に扉を開けてシームレスに

Day & Coffee ＋ オブザボックス

空間とサービスのシェア

Day & Coffee	⇔	OF THE BOX inc.
共同利用	コーヒースタンド →	打ち合わせ
	テラス席 →	什器の検証

初期投資額

項目	費用（万円）	内訳
内装工事費	440	解体工事・設備工事・大工工事・建具工事
家具（新規制作・購入）	25	4人掛け造作テーブル×2台＋2人掛け造作テーブル×1台＋2人掛け造作ベンチ×6台＋1人掛け造作ベンチ×2台＋カウンターチェア×4台
拠点負担額	465	コーヒー機器含めず初期コーヒー機器50万円（2019年開業時）焙煎機 ※設置費用・改修費込み80万円（2020年）エスプレッソマシン買い替え45万円（2024年）

［支出］運営費（月額の項目別割合）

項目	割合	内訳
人件費	52%	スタッフ8人（役員2人、アルバイト6人）
家賃	11%	ビル管理費分相殺
仕入れ費	24%	コーヒー豆、ワッフル、ホットサンドなどの原材料
光熱費	4%	電気・ガス・水道代
諸経費	9%	
合計割合	100%	支出総額は毎月85〜95万円に収まっている

［収入］売上（月額）

項目	金額（万円）	内訳
売上高（コーヒースタンド）	120	平日4.25万円×4日＋休日6.5万円×2日（客単価1300円程度）×4週 ※EC・卸売・イベント出店を含めず
合計額	120	

費のように思えた。店舗を処女作として、投資回収できるものにすることで、新しい建築家の創業モデルになり得るかもしれない。そして同時に、店舗を持つことによって事業者として商店街のまちづくりに関わるためのメンバーシップが得られると考え、もう1つ株式会社デイアンドという会社を創業したのである。

新型コロナウイルス蔓延により何度も営業危機を迎えたが、自家焙煎をはじめ、商品開発を行い、販路拡大するなど独立した事業として自走している。

お客様の先付けとロスのないメニュー設計

「お客さんが来なかったらどうしよう」という開業前の不安を払拭するために、資金調達と潜在的な顧客を可視化するためのクラウドファンディングを実施した。返礼品として、店舗で利用できるコーヒーチケットやフードチケットなどの飲食特典を設けることで、開業前から52名ものお客様を先付けすることができた。

開業当初、カレーなどのフードも提供していたが、仕込みの負荷が大きく、ロスも出てしまうため廃止。ロスが出ないよう、共通の材料でメニュー展開ができるようメニューをアップデートしていった。開店当初からメニューのバリエーションは増え、現在は53種類のメニューを展開。客単価は750円→950円→1120円→1300円と推移している。

自主事業・共同事業・クライアントワークの循環

自主事業を行い、リスクをとることで得られる信頼はとても大きい。設計のクライアントに対しては、ときに事業計画の策定や資金調達、仕入先の紹介、マーケティングなど、さまざまな領域にわたって関与することもある。クライアントのやりたいことを実現に導く「クライアントワーク」、自社リソースとクライアントリソースを掛け合わせで相乗効果を生み出す「共同事業」、まちをフィールドに独自の研究や調査を行い、新しいアイデアを生み出す「自社事業」の3つを循環させること新しい建築家の在り方を見つけられないか、日々模索している。

町の風景は、そこで暮らす人々のライフスタイルの現れだと思っている。しかしながら、欲しいライフスタイルや課題に気づけずにいることがほとんどである。だからこそ、建築家として積極的に街に関わり、それを提示することで、一人一人が主体的にライフスタイルを選択してほしい。

（追沼翼）

「すずらん通りパークレットプロジェクト2022」。商店街の道路活用事業などに積極的に関与

クラウドファンディングの活用によるお客様の先付け

建築概要

構造	鉄筋コンクリート造 3階
施工	株式会社フォルム
	荒大工
敷地面積	321.12㎡
延床面積	48.58㎡

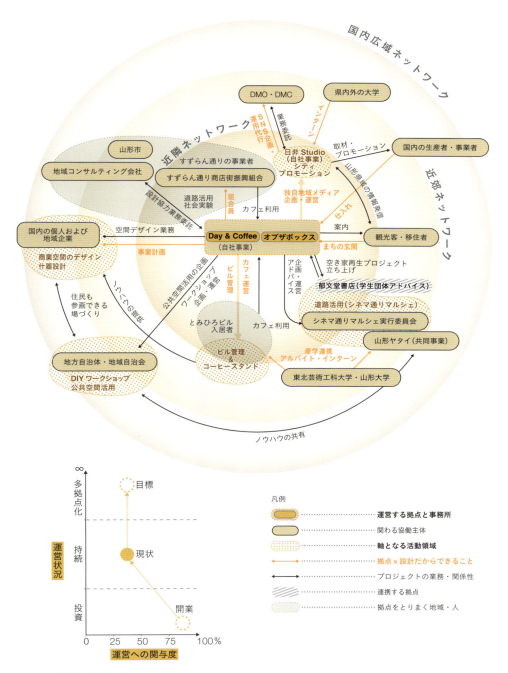

拠点運営の現状と目標

07 | Day & Coffee 事業を行い、まちのデザインに関わる　103

08 ノミガワスタジオ
自分ごと化する場づくり

木製のスライドドア。内部の様子がよく見えるようにしている。

オリジナルTシャツ。子供用も販売。毎年3人のデザイナーやアーティストにデザインを依頼。

プロジェクトで製作したベンチを設置。縁側空間のように地域の子供や大人が座る。

コンクリート舗装は道路に向けて17%の勾配。ここに座り込む人もいる。

設　　計　株式会社 スタジオテラ・Baobab Design Company
所 在 地　東京都大田区池上4-11-1 第五朝日ビル
営業日時　本屋＋カフェ：金 13:30〜18:00、土 12:30〜18:00

2階はスタジオテラの事務所。賑わっている様子を上からのぞいたりできる。

駐輪場兼多目的スペース。夏はタープを張り日陰づくり。イベントでも利用できる。

近所の子供たちの立ち寄り場所。

photo: 岡田孝雄

ノミガワスタジオは、武蔵野台地の南端に建つ池上本門寺に程近く流れる呑川に面している。2020年にスタジオテラ（ランドスケープデザイン事務所）とBaobab Design Company（動画配信を通じた会話のデザインとエディトリアルデザイン）で、イベント・ギャラリースペースとして共同運営を開始。週末の金・土曜日は、まちに開かれたシェア型本屋「ブックスタジオ」として運営している。「ブックスタジオ」の営業日以外の日は、打ち合わせ、スタッフの飲食スペース、動画配信スタジオ、表現の場として利用している。本屋などノミガワスタジオ内での取り組みは、表現を楽しみ、他者とつながりを持てる開かれた場であることを目指している。運営側と棚主の両者がなるべく負担を感じず、自らが場に心地よい空気感をつくりだすように、自分ごと化していく関わりしろや運営を大切にしている。

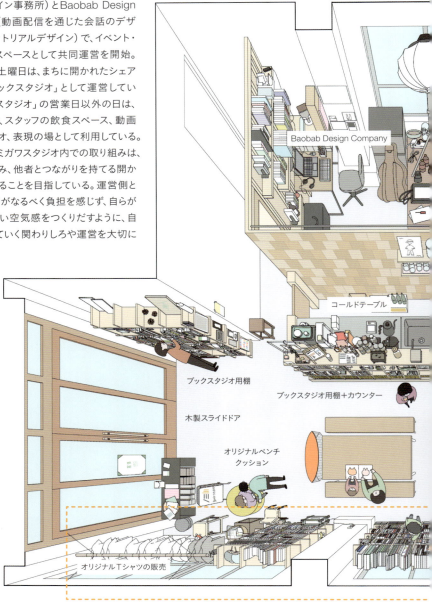

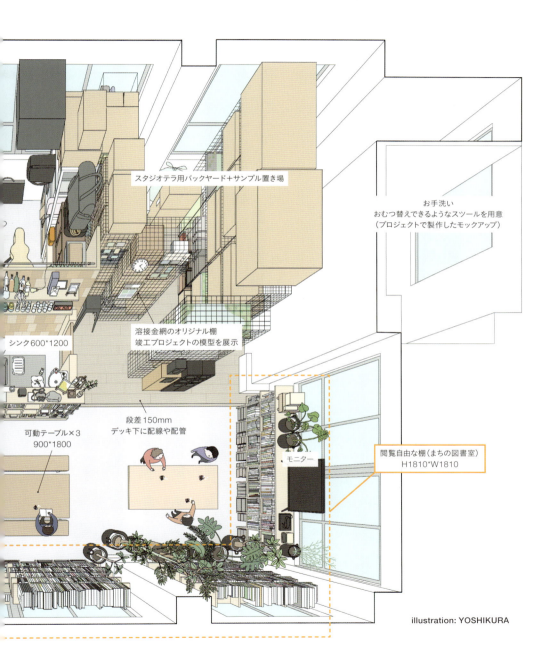

illustration: YOSHIKURA

08 | ノミガワスタジオ　自分ごと化する場づくり　107

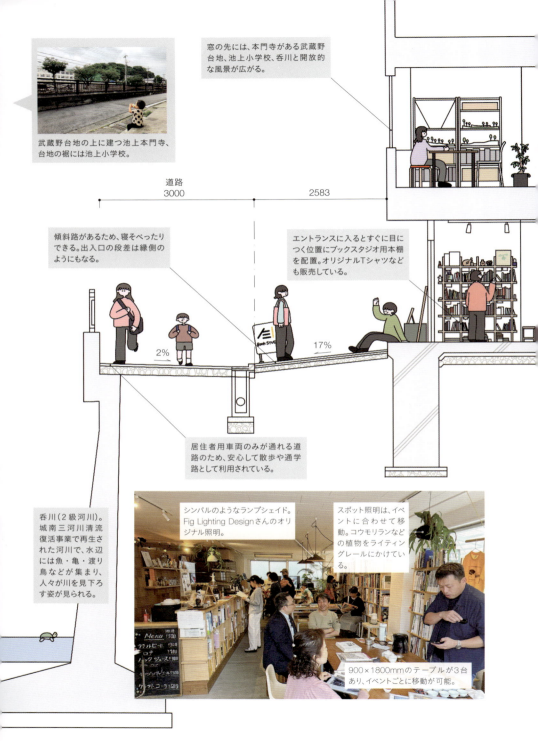

キッチンカウンター+ブックスタジオ用本棚。営業日には、コーヒーやアルコールを提供している。カウンター越しに会話を楽しむことができる。

バックヤード。溶接金網で作成した棚では、竣工済みの案件の模型などを公開している。

モックアップやサンプルの置き場。プロジェクトで製作したベンチやサンプルなどを設置。

illustration: YOSHIKURA

まちの図書室。仕事で利用する本は、自由に閲覧できるようにしている。シナ合板で作成したオリジナルの本棚は、ビスや接着が不要のため組み立てが容易。

オリジナルTシャツの販売。ゆかりのあるデザイナーやアーティストにデザインを依頼。

テーブルでは、本の平置きがされたり、工作ワークショップが開かれている。

キッチンカウンター+ブックスタジオ用本棚。こちらで清算やドリンクの提供を行っている。棚主さんがホストとなり、人と本、人と人をつなぐ。

08 | ノミガワスタジオ　自分ごと化する場づくり　109

負担のない運営を心がけ、本業と両立する

スタジオテラがビルの1・2階を借り受け、1階の賃料は、スタジオテラ、Baobab Design Company、ブックスタジオの棚主代でまかなっている。ブックスタジオは、棚主が店番を担当する仕組みのため、人件費の負担がない。イベントや動画配信スタジオの臨時収入（場所代）は運営費にまわしている。人件費の負担や時間が制約されてしまう場所貸しは、基本的に行わない方針としている。自分たちの本業に負担がなく、興味のあることを継続して行えることを大切にしながら活動をしている。

デザインプロセスを楽しむ＠ノミガワスタジオ

「場・モノ・コト」のデザインの仕事をしている2つの会社が共同運営する特徴を活かして活動。デザインの中でも、プロセスに注目している。完成された最終結果だけではなく、そのプロセスにこそ様々な知恵の実（新しい思考や発見のきっかけ）があると考えて、展示・販売などの企画を手がける（消しゴムハンコの作家の展示、プロの劇団の方による演劇、オリジナルTシャツの販売など）。古本市やマルシェを不定期で開催して飲食を提供し、ブックスタジオの呼び込みにもつなげる試みを行っている。

本を通じて、人とつながる＠ブックスタジオ

ブックスタジオは、複数のオーナーが共同で販売・運営するシェア型本屋。棚主が店番の日は、スペース全体を使って棚主主催の企画ができる（企画の有無は自由）。これまで、小学生によるブックコンシェルジュ、本まつり（池上線100周年を記念して、池上線にまつわる本を販売）、絵本の販売会、こいのぼりづくり、音楽ライブ、振る舞い茶、切り絵ワークショップなどを開催。棚主は本や企画を通じて自分の嗜好を伝えることができ、新しいつながりを生むきっかけとなる。

ノミガワスタジオ主催の朝マルシェ

ノミガワスタジオ企画のオリジナルTシャツの販売

ブックスタジオ企画のワークショップで作成したこいのぼり

ブックスタジオ企画のライブ

ノミガワスタジオ ＋ スタジオテラ ＋ Baobab Design Company

空間とサービスのシェア

	ノミガワスタジオ	⇔	スタジオテラ・Baobab Design Company
共同利用	本棚	→	資料スペース
	キッチン	→	キッチン
閉店日利用	ノミガワスタジオ ブックスタジオ	→	打ち合わせスペース
			食事スペース
			臨時執務室
			動画配信スタジオ

初期投資額

項目	費用(万円)	内訳　※[ ]内は設計事務所負担割合(額)
内装(ノミガワスタジオ分担分)	350	木製スライドドア、網戸、かさ上げデッキ床、配管など [14%(＝50万円)：模型棚、本棚]
家具(新規購入)	150	本棚(ブックスタジオ用)、机、椅子、照明器具、音響器具
家具(既存利用)	30	モニター、冷蔵庫、シンク、手洗い
書籍	0	スタジオテラ蔵書
合計額	530	
	−80	設計事務所共同運営メリット
拠点負担額	450	

［支出］運営費 (月額)

項目	費用(万円)	内訳
人件費	0	ブックスタジオは棚主がお店番
家賃	10	スタジオテラ、Baobab Design Companyの2社で按分
光熱費	3	電気、ガス、水道
消耗品	1	トイレットペーパーなど
合計額	14	
	−14	設計事務所共同運営メリット
拠点負担額	0	

［収入］売上 (月額)

項目	金額(万円)	内訳
ブックスタジオ貸棚	12	4000円×30名
動画配信スタジオ	1	配信スタジオ利用料
合計額	13	

オーナーのみで抱えない共同運営

ブックスタジオは、棚主との共同運営で成り立っている。店番は棚主が行い、本の精算や接客などを担う。ドリンクの提供や本以外の物販の精算は、オーナー側で行う仕組み。

3カ月に1度、棚主が集まる打ち合わせ「棚主の会」を行っている。イベントの相談、改善点の洗い出しなどを行い、お店の雰囲気をオーナーサイドだけでなく、皆でつくる試みを始めている。ルールを設けてシステムで縛るのでなく、関わる人や状況に合わせて柔軟に変化をさせることを心がけている。

地域の資産である人が一歩踏み出せる場

地域には現役の専門家だけでなく、リタイアしたシニアの方、主婦、子供など、多くの才能や経験を持った人々が集まっている。ノミガワスタジオとブックスタジオでは、地域の才能が表に出るような表現の場となり、その人や周囲の人の輪が広がり、まちの暮らしが豊かになることを目指しており、実際、新たな人との出会い、つながりは本業の仕事でもよい影響をもたらしてくれている。プロジェクトのリサーチ、設計補助や模型製作のアルバイトを担っていただきながら、地域の資産である人を見つめなおすことで、本業も可能性を広げられることを実感している。

地域のプロジェクトに取り組む

一連の取り組みは、本業の仕事にもつながっている。活動に共感を持っていただいたオーナーからは、建て替えを行う建物の低層部や屋外空間に対して、まちに賑わいを生み出すような試みをしたいという相談を受けた。プロジェクトは2023年に竣工しており、屋外のベンチでまちの人が佇む様子が生まれている。その他、お寺の敷地全体のマスタープラン、中学校の建て替え計画が進行しており、人が活かされる地域の魅力づくりを試みている。

大人から子供まで共に学び成長する場

今後は、地域の人々が共に学び、共鳴するような機会を設けたいと考えている。地域に住まう専門家（大学の教員、設計、アーティスト、絵本作家、切り絵作家など）の講義やワークショップを開催して、大人から子供まで学びが得られるような場づくりを企画中だ。

（石井秀幸・野田亜木子・安部啓祐）

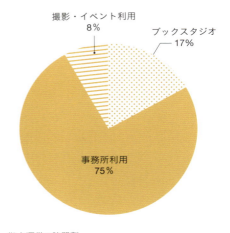

拠点運営の時間割

建築概要

構造	鉄骨造 4階
施工	G.U.STYLE（1階内装）
延床面積	90㎡（1階）＋ 90㎡（2階）＋ 駐車場を含む屋外

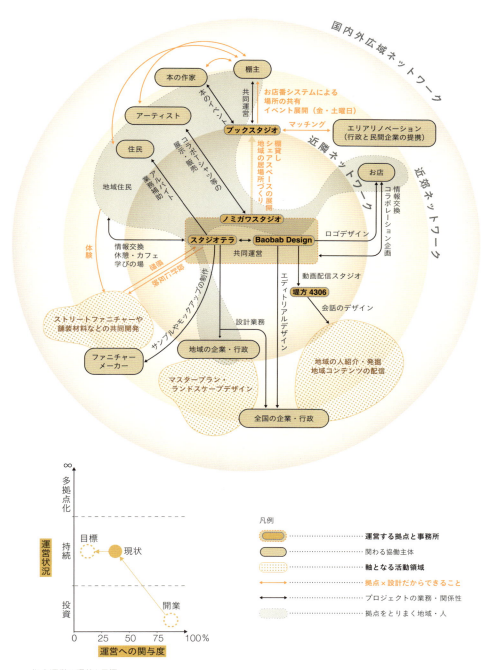

拠点運営の現状と目標

09 カレー設計事務所
食を起点に人がつながる場をつくる

- 門前町としての景観に配慮し、街並みに合わせた銀黒瓦葺き。
- プライベート用の入口は、シンプルな框扉とし、来客の間違いを防ぐ。
- 日陰の濡れ縁は、休憩や待合のベンチとして人の溜まりを演出。
- 古瓦を再利用して曼荼羅を描き、萬福寺とともにアジアな雰囲気を演出している。
- 門と塀は撤去し、間口を開放することで立ち寄りやすさを強調。延石基礎を残して当時の面影をとどめつつ、最低限の補修でローコスト施工をしている。
- 13280
- 2650
- 黄檗駅へ

設　　計　カレー設計事務所
-　　　　-
所 在 地　京都府宇治市五ケ庄西浦32-5
営業日時　カレー店：水〜土 11:00〜15:00／レンタルスペース：要問い合わせ

既存の建具を再利用し、ガラスは透明に入れ替え、外部とのつながりを演出。

既存の格子戸は跳ね上げ式とし、テイクアウトカウンターは外部とつながる役割も兼ねている。

排気ダクトは、住宅街に配慮し消臭機を設置し、下向きに排気。

象徴的な店舗の看板機能を備えたオートリキシャ。狭い現場の移動時にも活躍。

萬福寺への参道でもあり、小学生の通学路でもある前面道路は、日常的に地域の方が集い、子供たちが遊ぶ憩いの場となっている。常に人が出入りする店舗として存在することで、親や子供たちにとって安心できる居場所を目指している。

黃檗山萬福寺へ

京都府の宇治市にあるカレー設計事務所は、黄檗宗大本山の萬福寺に近接した、かつては門前町であった住宅地の一角に位置している。ベットタウン化した町に再び人が集える場所として、スパイスカレー店・レンタルスペース・設計事務所の機能を備えている。築100年の古民家を改修したカレー店は、飲食店としての利用の他、日本を含むアジア文化発信のイベントスペースとして、また事務所の打ち合わせスペースとして活用。レンタルスペースでは、さらに深堀りした文化の体験ワークショップを開催している。住宅街であるがゆえ、営業後の15時以降は地域の小さな子供たちも集まれる場所としても開放。同時に、小学生に学習教室も提供している。

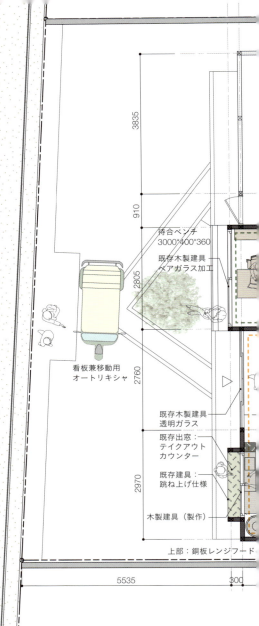

保健所対応を兼ねたキッチンの天井は既存の天井の下に造作。客席側からは竿縁天井の連続性を感じることができる。

間口の広いホールスペースと敷台は、イベント時の動線の緩衝を和らげる役目を果たす。

カウンター壁と天井は地元・宇治産の抹茶を配合したモルタル施工。地域とのつながりと消臭効果を担う。

エントランスホールは、カレー店やレンタルスペース、またイベント時のレセプションも兼ねるため、1.5間の間口を確保。什器や家具の移動により、イベントの立ち見や展示会のスペースとしても活用している

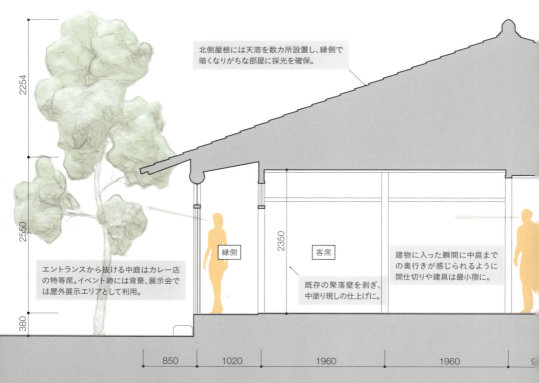

北側屋根には天窓を数カ所設置し、縁側で暗くなりがちな部屋に採光を確保。

エントランスから抜ける中庭はカレー店の特等席。イベント時には背景、展示会では屋外展示エリアとして利用。

縁側

客席

既存の聚落壁を剥ぎ、中塗り現しの仕上げに。

建物に入った瞬間に中庭までの奥行きが感じられるように間仕切りや建具は最小限に。

閉鎖的だった大広間を客席・縁側・中庭と一体的に構成することで開放的な空間とし、飲食店と客席の他、設計事務所の応接・打ち合わせ、さらにはイベントや講演会場としての役割も持つ

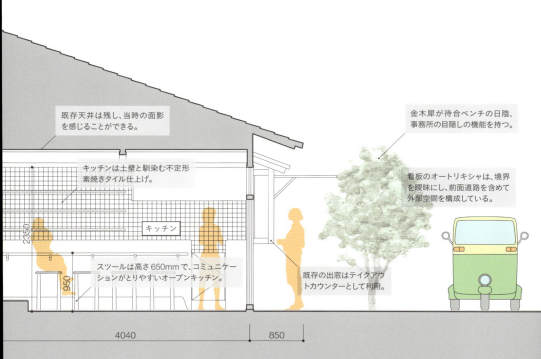

住宅街のランドマークとなる

世界遺産の平等院や宇治茶をはじめ、観光・産業の資源に恵まれた京都府の南部に位置する宇治市は、人口約18万人の京都市に次ぐ京都府内の第二の都市である。カレー設計事務所は宇治から一駅隣の黄檗駅より徒歩3分の狭い路地を入った住宅街の中にある。かつて駅前にはアーケード商店街や事業を営む個人店が軒を連ねていたが、例に漏れず、郊外大型店舗の出店やECサイトの普及など社会の流れの中で淘汰され、現在の住宅街化した町が形成されている。カレー設計事務所は、かつての門前町としての日本の町並みの保存と継承を目的に、京町家を改修した建物の中に飲食業と建築業のパラレルワークを実践することから始まった。さらに、店舗の一部とレンタルスペースは、食・モノづくり・芸術・文化の継承の場として開放することで、次世代へ向けた経験の機会となることを期待している。

自然に建築の敷居をまたぐ空間づくり

建築設計事務所が飲食店を運営しているのではなく、飲食目的で来店された際に初めて、飲食店が設計や建築業務全般を行っていると認識する程度に、建築設計事務所としての敷居（イメージ）はかなり低く設定している。飲食目的の来店が、モデル空間としての店内を自然と体験することにつながり、接客の中で必要に応じて建築の営業を同時に行うことができる。店内の内装建材や家具はオリジナルのものとし、オーダー注文の他、製造業者や制作作家の紹介も行うことで、三者の横のつながりを強みとしている。基本的な飲食店の営業時間は週4日のランチタイムのみで、その他は建築業務を行っているが、それぞれの繁忙期・閑散期により作業時間の比重を調整することで、安定した売上を確保できるようフレキシブルな経営を目指している。

萬福寺へ抜ける門前通りとしての町並みが残るエリア。

駐車場の土間には古瓦の再生チップで曼陀羅を描き、カレー店であることを暗示。

間口の広さを有効活用し、イベントや交流会では屋外にテント等を設置して、地域の溜まり場的役割を担う

吹き抜け天井とし、天窓を設けて展示や作業に適した明るさを確保。

店舗とがつながる縁側。演者の控え室としても利用。

店舗の個室を兼ねたレンタルスペースでは、モノづくりのワークショップや音楽教室の他、地域の方による子供英語教室として開放し、コミュニティの場となっている

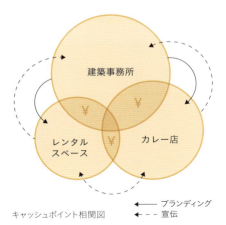

キャッシュポイント相関図　←― ブランディング　←-- 宣伝

カレー設計事務所

顧客のシェア

項目	割合		
建築事務所	カレー店顧客 80%		その他 20%
カレー店	カレー店顧客 80%		レンタル顧客 10% 建築顧客 10%
レンタルスペース	カレー店顧客 60%	レンタル顧客 40%	

初期投資額

項目	費用（万円）	内訳　　※[ ]内は設計事務所負担割合（額）
内装（建築事務所）	100	洋室1室の改修 [100%（＝100万円）]
内装（カレー店）	800	厨房設備、客席家具備品含む [50%（＝400万円）：モデル空間機能]
内装（レンタルスペース）	100	和室1室の改修 [20%（＝20万円）：打合せスペース20%]
外構・外装（共通）	400	瓦屋根替え、塀・庭を解体し駐車場4台分を新設 [50%（＝200万円）]
オートリキシャ（三輪バイク）	100	店舗看板兼事務所移動用 [50%（＝50万円）]
合計額	1500	
	−770	設計事務所共同運営メリット
拠点負担額	730	

[支出] 運営費（月額）

項目	費用（万円）	内訳
人件費	9.6	0.6万円×4日×4週＝9.6万円
家賃	1.7	持家のため、固定資産税1.7万円
光熱費	3.5	電気2万円、ガス1.1万円、水道0.4万円
消耗・修繕費	2.5	電球0.5万円、消耗品1万円、庭木選定1万円
仕入費	24	カレー店食材（原価率1/3として）
合計額	41.3	

[収入] 売上（月額）

項目	金額（万円）	内訳
カレー店売上（週4日昼営業のみ）	80	（平日4万円×3日＋土曜8万円）×4週＝80万円
レンタルスペース売上	4	（0.1万円×10時間）×4＝4万円
合計額	84	

特化したコンテンツで新たな価値観を提供

飲食は人々にとって日々欠かせないものの1つであり、営業日・定休日を周知して営業することが飲食業としての基本である。建築業務との兼業において時間の制約にもなるが、一方で施主や関係業者に飲食店の営業時間を理解してもらいやすく、打ち合わせや現場のアポイントメントについても理解が得られる場合が多い。

この地で開業するにあたり、わざわざ郊外住宅街に出向いてもらう工夫として、カレーという国民食の中でも、京都ではあまり見かけないベンガル料理を提供している。同時にアジア・インドに関係したイベントやワークショップを企画し、アジア文化の発信拠点として認識してもらえるよう、コンテンツのジャンルも現時点ではある程度限定している。レンタルスペースで行われているインド楽器の教室は、飲食店のBGMとしても賑わいを演出してくれている。

人がつながる場をつくる

物事の多くは流行り廃りがつきもので、時代によってニーズや価値観が変化するように、カレー設計事務所としての活動のあり方も、私自身や、他の誰かの考え方によって変わってくるものだと考えている。現時点の私でさえ、様々な将来像を仮定し、常に新しい試みを実践している。軸にあるのは、どこまでいっても私個人の幸せであるが、自身の欲求を突き詰めると、それは自分以外の誰かにとっての喜びであったり、満足感、新たな体験や経験を誰かと共有することだった。そのために、複数の業務形態をとり、お金の流れのあるもの、投資するものを、目的へのつながりを意識し分配している。例えば、レンタルスペース自体の収益は少ないが、そこから生まれるコミュニティの形成やつながりは、飲食店や建築の仕事に巡って戻ってくる。また、これらのつながりはインプットの場ともなり、双方にとって将来の新たな展開を導く出会いの場ともなっている。そして、様々な人が出入りするこの場所に集まる子供たちにこそ、早い段階から多様な価値観に触れ、これからの人生の中で挑戦し行動を起こしていける好奇心を触発する一地域拠点であり続けたい。

（加藤拓央）

客席では可動家具を利用し、様々なイベントや講演会が開催されている。中庭が近隣住宅街の緩衝役を担っている

建築概要

構造	木造 平家
施工	カレー設計事務所
敷地面積	347.60㎡
建築面積	139.35㎡
延床面積	139.35㎡

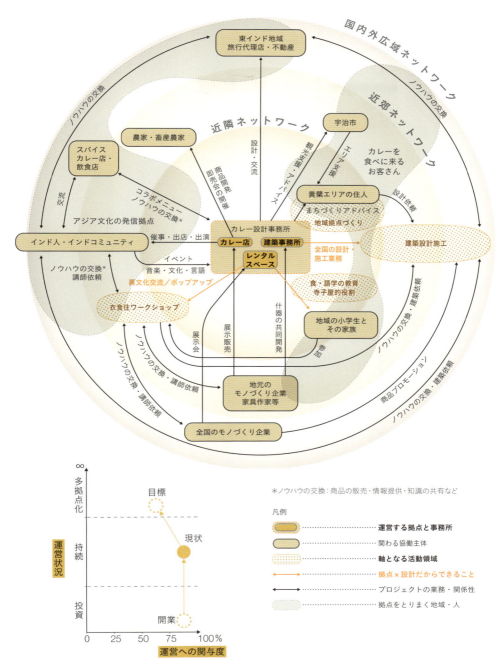

拠点運営の現状と目標

09 ｜ カレー設計事務所　食を起点に人がつながる場をつくる

多拠点化フェーズ

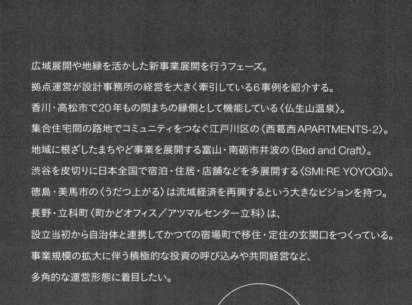

広域展開や地縁を活かした新事業展開を行うフェーズ。
拠点運営が設計事務所の経営を大きく牽引している6事例を紹介する。
香川・高松市で20年もの間まちの縁側として機能している〈仏生山温泉〉。
集合住宅間の路地でコミュニティをつなぐ江戸川区の〈西葛西 APARTMENTS-2〉。
地域に根ざしたまちやど事業を展開する富山・南砺市井波の〈Bed and Craft〉。
渋谷を皮切りに日本全国で宿泊・住居・店舗などを多展開する〈SMI:RE YOYOGI〉。
徳島・美馬市の〈うだつ上がる〉は流域経済を再興するという大きなビジョンを持つ。
長野・立科町〈町かどオフィス／アツマルセンター立科〉は、
設立当初から自治体と連携してかつての宿場町で移住・定住の玄関口をつくっている。
事業規模の拡大に伴う積極的な投資の呼び込みや共同経営など、
多角的な運営形態に着目したい。

10 仏生山温泉／仏生山まちぐるみ旅館
日々の暮らしの中からまちが良くなること

設　　計	設計事務所岡昇平（仏生山温泉）
所 在 地	香川県高松市仏生山町
営業日時	日帰り温泉：月〜金 11:00〜24:00、土日祝 9:00〜24:00

全面開口、高い天井、先が見える廊下など、できるだけ視線が抜けるようにしている。遠くを見ると目の筋肉が緩み、よりリラックスできる。

外の道を引き込んだようにつくられたホール。歩くことで人と出会い、コミュニケーションの場となっている。

壁をすべて照明化することで、狭い室内に視覚的な奥行きをつくっている。

ホールには特定の機能を設けていない。読書する人、昼寝する人、宿題する子供たちが集い、場所の意味を主体的に選べることが居心地の良さにつながっている。

「50m書店」では古書を200円で販売。浴場入口まで本を眺めながら歩いていき、湯船の中で読むことができる。

裸足で過ごす時間の多い館内では、廊下にナラの無垢材を使用し、オイル仕上げにしている。歩いても座っても気持ちいい。

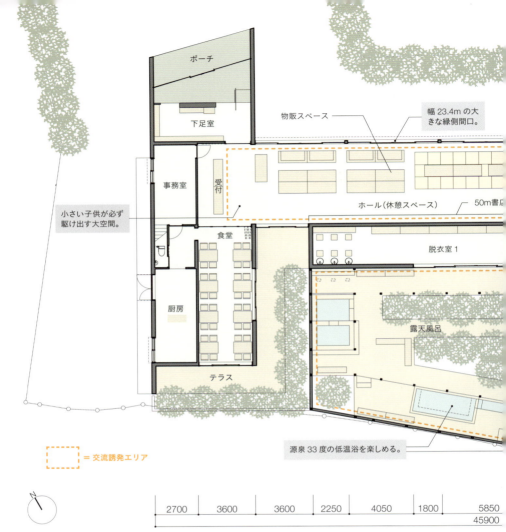

仏生山町は、香川県高松市の中心市街地から車で20分ほどの郊外に位置する小さなまちである。仏生山温泉は地域の日帰り温泉として、2005年に開業した。県内からの来客が7割、県外からの観光利用が3割である。浴場は露天風呂を中心に構成され、すべての浴槽で源泉かけ流しの重曹泉を楽しめる。湯船で本を読むことも可能で、そのための古書も販売されている。休憩スペースは浴場より広く、温泉とともに過ごす前後の時間や、居心地の良さを大切にしている。

2012年から始まった仏生山まちぐるみ旅館は、まち全体を旅館に見立てる取り組みである。実際に旅館という建物はなく、客室や大浴場、食堂、カフェや物販店などが点在し、まち全体で旅館の機能を担う。空き家をリノベーションしてカフェにするなど、長い時間をかけてまちに価値や魅力を重ね合わせていく計画である。まちを変えるのではなく、まちの見方を変えることを大切にしている。

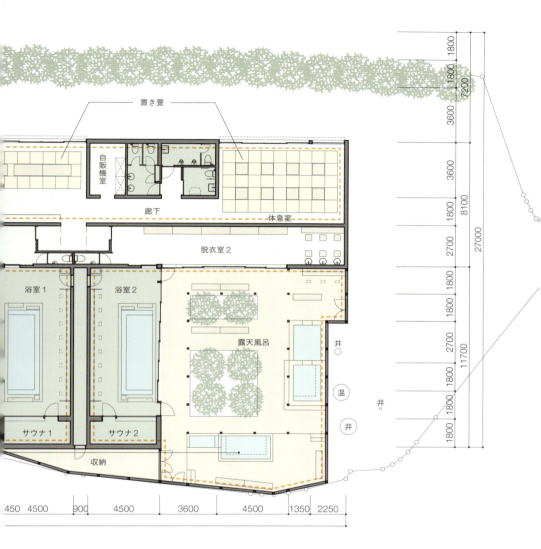

外の道が屋内まで続いていくように開かれた外観

家具等の配置によりフレキシブルに使用できるようになっているホールでは、秋のお祭りの際に獅子舞が行われることもある

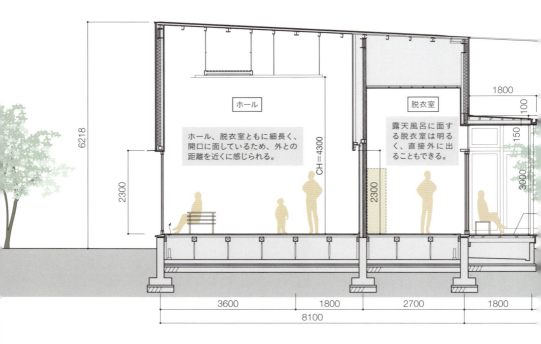

ホール、脱衣室ともに細長く、開口に面しているため、外との距離を近くに感じられる。

露天風呂に面する脱衣室は明るく、直接外に出ることもできる。

130　2部　設計して運営する15の地域拠点｜多拠点化フェーズ

中庭に面して、脱衣室、内湯、露天風呂がロの字に配置されている。脱衣室と内湯の窓を全開することによって、ひとつながりの浴場空間になる

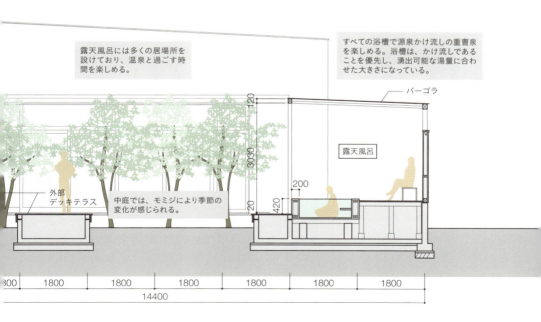

露天風呂には多くの居場所を設けており、温泉と過ごす時間を楽しめる。

すべての浴槽で源泉かけ流しの重曹泉を楽しめる。浴槽は、かけ流しであることを優先し、湧出可能な湯量に合わせた大きさになっている。

中庭では、モミジにより季節の変化が感じられる。

仏生山町のこと

高松市にある仏生山町は、人口約8000人ほどのまちである。仏生山法然寺の門前町として江戸時代に開かれた。まちの名称に「山」が含まれるが山間部ではなく、田畑と住宅が入り混じるような平地である。地方の郊外で多く見られるように、まちの中の店も減少傾向にある。

仏生山まちぐるみ旅館の概念図

このまちで、にやにやしながら暮らすこと

筆者は10年ほど他県で暮らしていた。このまちに戻ったとき、飲食店を運営していた父親が温泉を掘削し、お湯が湧き出している時期と重なっていた。そのまま日帰り温泉を企画し、建築の設計を行い、温泉を経営しながら建築設計事務所を始めることになった。暮らし始めたころ、このまちには元気がなかった。それでもここで「にやにやしながら暮らしたい」と思った。といっても、そんなに大それたことを望んでいるわけではない。毎日でも通いたいおいしいごはん屋さんや、ゆっくり読書ができる居心地のいいコーヒー屋さんなど、過ごしたいと思える場所がすぐ近くにあるだけで十分にやにやできると思った。まちにある「お店」がそうした役割を持っているということにも気づいた。私たちはまちから、お店などを通じて豊かさのようなものを受け取って暮らしているのである。そういったみんなが自由に享受できる豊かで魅力的な場所を、「地域共有価値」と呼ぶことにした。「天満屋サンド」や「へちま文庫」をはじめとするまちの個人店も同じ地域共有価値に含まれる。新しいお店を計画する場合は、計画を立てる段階や、具体的な設計やその後の運営まで、関わり方は状況に応じて様々である。まちぐるみ旅館は、まちの見方を変えることで、地域共有価値を増やし、質を高めることを目的としている。

温泉裏の客室

まちの飲食店「天満屋サンド」

まちの古書店「へちま文庫」

場所と設計事務所のあり方

筆者は仏生山温泉の宿直室に居住している。数年前まで、設計事務所は仏生山温泉から50m

のところに置かれていた。設計の仕事を行う場所は事務所のほかに、仏生山温泉の休憩室や古書店のへちま文庫など、好きな場所で、どこで仕事をしてもいいというルールになっていた。施主との打ち合わせを仏生山温泉の休憩室や食堂で行うと、広さなどのスケール感、素材や色などそのままショールームのような役割を担うことができる。もちろん飲食の提供もできるし、何なら帰りに温泉に入ってもらってもいい。そのような設計事務所のあり方を拡張していく期間を経

て、現在は設計事務所レスという方向を試みている。箱としての事務所を設けないという考え方である。物理的な空間としての設計事務所に建築家が所属するというよりも、設計者という人に設計事務所が付属する方が何だか楽しい。どのような場所にいても、建築家が設計を始めるとその場所が設計事務所に見立てられることになる。人の行動が場所の意味を決める方が居心地もいい。

仏生山温泉 ＋ 設計事務所岡昇平

空間とサービスのシェア

	仏生山温泉	⇔	設計事務所岡昇平
社員割引	食堂	→	半額割引
	入浴	→	無料

初期投資額

項目	費用(万円)	内訳
仏生山温泉：建築工事	20000	新築工事
温泉裏の客室：建築工事	1500	リノベーション
合計額	21500	

［支出］運営費(月額)

項目	費用(万円)	内訳
人件費	280	正社員5名、アルバイト12名
仕入れ費	70	食材、物販の仕入れ
減価償却費	90	建物
賃借料	100	駐車場等
修繕費	20	機械設備の修繕等
消耗品費	20	ボディソープ等
保険料	25	
通信費	5	
光熱費	150	重油、ガス、上水、電話等
雑費	20	
合計額	780	

［収入］売上(月額)

項目	金額(万円)	内訳
仏生山温泉／売上	750	入浴料(大人700円、子供350円)80%、飲食物販20%
温泉裏の客室／売上	50	月平均80名利用
合計額	800	

日帰り温泉と旅館の運営

仏生山温泉と温泉裏の客室は同じ法人が運営している。仏生山温泉の主な業務は番台、清掃、調理である。スタッフはそれぞれ3つの業務をすべてこなすマルチタスクとしている。また、フロントから浴場を除く館内のほぼすべてを見渡せる構造となっている。そのため、スタッフは平日3名、土日祝日5名による少人数で合理的な運営が可能となっている。

宿泊業務は一般的に、チェックイン、チェックアウト、客室清掃など、業務内容に時間的な偏りがある。温泉裏の客室では、レセプションを仏生山温泉で行い、客室清掃等を仏生山温泉のスタッフが兼ねている。温泉裏の客室のように4部屋しかない宿泊施設であっても、仏生山温泉と場所や業務をシェアすることで合理的な運営ができている。

まちに適量の地域共有価値を設けること

仏生山温泉を始めたことは、筆者にとってパブリックな視点を育ててくれることにつながった。温泉につかって誰もが気持ちよさそうな顔で帰っていく姿を見て、このまちでにやにやしながら暮らしていきたいと改めて思うようになった。まちの中に適切な量と質の高い「地域共有価値」が増えて、筆者を含めた住民が楽しく健やかに暮らせるようになると素敵である。仏生山まちぐるみ旅館の取り組みはその手段として、地域共有価値の1つであるお店を増やし、相互補完の関係をつくる。また、まち全体を意識するきっかけにもなっていく。

取り組みを進めていくなかで大切にしていることは、①にやにやできる、②みんなを巻き込まない、③補助金を使わない、④まちを盛り上げない、⑤観光地にしようとしない、⑥日々の暮らしからまちが良くなる、の6つである。

理想は、まちづくりを意識しないようになること

健康な人が健康法を意識しないように、いいまちはまちづくりを意識しないはずである。みんな

が普段の生活を送り、いつもの仕事やお店をしているだけでいい。お店を運営することは自分のための対価を得る行為として行っているだけではなく、みんなのための「地域共有価値」を維持しているということでもある。自分のためにしていることが、みんなのためにもなり、日々の暮らしの中からまちが良くなっていくから、まちづくりを頑張ったりしなくていい。年月が経ち、いいお店がたくさんあって、居心地が良くて、にやにやしながら暮らすことができる。当たり前のことが当たり前になっている普通のまちを目指している。仏生山まちぐるみ旅館は、そのきっかけにすぎない。

建築設計とか、お店づくりとか、まちづくりとか

建築設計とは、たくさんの要素を俯瞰的な視点で統合して、価値や魅力を最大化させることである。要素は、計画や構造、設備といった代表的な領域から、歴史、形、美しさ、暮らし、身体、移動など、幅も広く奥も深い。建築家はそれらの要素単体の価値や魅力を検証し、さらに統合された状態で価値や魅力が最大化されることを目指す。そのために価値判断の優先順位を明確にしたり、常にあるトレードオフの関係を一石二鳥案で乗り越えたり、マイナスの要素を逆手にとってプラスの要素に変換したり、様々な工夫をしている。つまり、建築家はそもそも統合がうまいのである。お店づくりやまちづくりも、要素に違いはあっても統合によって価値や魅力を最大化させることは同じである。この統合の技術は建築設計の分野を超えて世の中に活用されていく方が社会はもっと豊かになる。

（岡昇平）

建築概要（仏生山温泉）

構造	鉄骨造2階
施工	谷口建設興業
敷地面積	1926.55㎡
建築面積	666.06㎡
延床面積	622.98㎡

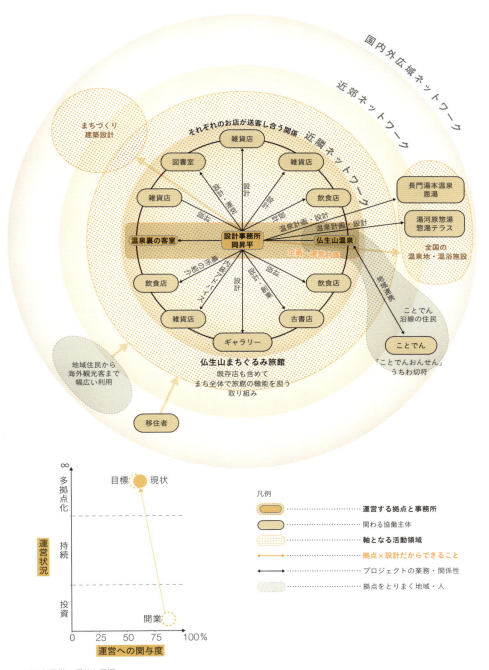

拠点運営の現状と目標

10 | 仏生山温泉／仏生山まちぐるみ旅館　日々の暮らしの中からまちが良くなること

11 西葛西APARTMENTS-2
「働く、商う、住む、集まる」がつくる小さな生活圏

西葛西APARTMENTS

西葛西APARTMENTS-2

三方をテラスに囲まれた、リビングのようなコワーキングスペースFEoT。

7丁目PLACEは、誰でも出入り自由な路地のようなオープンスペース。

ベーカリー

住戸・シェアオフィス入口

店舗・賃貸住宅・コワーキングスペースの動線をあえて重ねて、賑わいを生み出す。

西葛西APARTMENTSの1階を改修したやどり木は、地元の人々の様々な活動を後押しする。

設　　計　有限会社 駒田建築設計事務所
所 在 地　東京都江戸川区西葛西7-29-10
営業日時　ベーカリー＋カフェ：水〜日 8:00〜17:30／コワーキングスペース：年中無休

店内ベーカリー・カフェは天井高3000mmの開放的な空間。

photo: 新建築社写真部

❶ 7丁目PLACE

幅4mの路地のようなスペース。店舗、賃貸住宅、コワーキングスペースの動線を重ね、賑わいを生み出している。誰でも気軽に入れる開かれた場所を示すデッキペイント。

❹ マルシェ

gonno bakery marketでパンイベントを開催した際は、300人以上集客したことも。今後も地域の人とつながり、地域の商いを応援する場所として、マルシェを定期的に開くことが目標。

❷ やどり木（レンタルスペース）

やどり木は駒田建築設計事務所の会議室兼レンタルスペースとして運営。飲食と菓子製造の許可を取り、和菓子作家のイベントからスタジオ利用まで幅広く利用されている。

❸ オープンカフェ

サクラコートに面した7丁目PLACEの奥はカフェのテラス席で、子供たちが走り回ってもOK。ロードバイクやペットなどを近くで見守ることができ、天気の良い日は大いに賑わっている。

❺ スロープ

7丁目PLACEへのスロープは路地中央に配置。車椅子やベビーカー、ロードバイクだけでなく、ほとんどの人がこのスロープを利用。カーブしたスロープは、場所のチャームポイントにもなっている。

❻ サイン

西葛西APARTMENTS-2の道路側には、小さな公園をイメージさせるサインを設置。建物で統一したロゴデザインは、この場所の大切なアイデンティティになっている。

❼ gonno bakery market

計画段階で地元で人気のベーカリーを誘致。7丁目PLACE、緑のあるテラス席、街に開くコンセプトに共感し移転。コロナ禍でも行列が絶えない人気店。

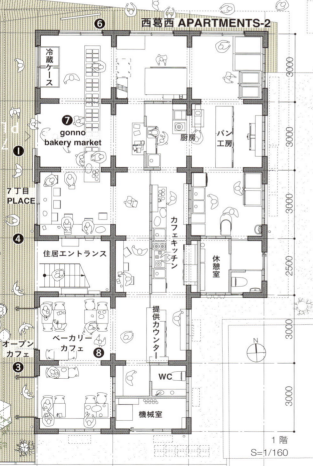

❽ ベーカリーカフェ

gonno bakery marketのカフェは、オープンテラスに大きく開いている。屋内には、このスペースのために黒田潔さんに描いてもらったイラストが飾られている。平日の昼間も地元のお客様で賑わっている。

1階
S=1/160

東京都江戸川区西葛西駅の南口から徒歩10分の住宅街に建つ西葛西APARTMENTS-2は、働き、商い、住み、まちの人々が集う複合建築である。住み慣れたまちで、先祖から受け継いだ土地をどう活かし、暮らしをつくるかを体現すべく、私たち駒田建築設計事務所が企画・設計・運営を手がけた自社の不動産プロジェクトだ。2018年竣工の西葛西APARTMENTS-2は、1階の街に開いたオープンスペース、ベーカリー＆カフェ、2階のコワーキングスペース、3・4階の賃貸住戸、屋上7丁目ROOFからなる。単なる集合住宅ではなく生活圏としてのコミュニティを再生するために、人々が交流し新たな価値を生む場の実現を目指した。

❸ FEoTキッチン
コワーキングスペースの受付兼キッチンとして、あえて幅3mの長いカウンターを設置。コーヒーやお茶をいれながら、小さなコミュニケーションが生まれる場所になっている。

❶ FEoTミーティングテーブル
ミーティングスペースには大きめのテーブルを用意。予約制で、駒田事務所とコワーキング利用者なら誰でも使用可能。打ち合わせで使っていない時間帯は大きなデスクを独り占めして作業もできる。

❹ 駒田建築設計事務所
3.2m×3.0mのユニットが門型フレームを介して緩やかにつながる。駒田建築設計事務所とコワーキングスペース会員とは、ひとつながりのスペースをシェアする仲間のような感覚。

❷ ギャラリーテラス
コワーキングスペースを囲む2階テラスからは、7丁目PLACEの賑わいが目に入る。気持ちのよい季節にはテラスのベンチ席で簡単な食事やオンライン会議も行う。駒田事務所の模型制作用スプレーブースにも利用。

❺ ドライフラワー作家／Mさん
作品制作のためFEoT固定席を契約。デスク周りはいつも華やか。7丁目PLACEでのマルシェややどり木でのワークショップなど、建物とオープンスペースを使いこなしている。

photo: 俊島利浩

❻ コワーキングスペース FEoT

住宅街のオフィスであることをポジティブに捉え、ゆったりとした居心地の良いスペースをつくることを心がけた。フリー席、固定席があり、現在会員数は20名程度。

西葛西 APARTMENTS-2
2階　S=1/160

西葛西APARTMENTSと西葛西APARTMENTS-2の2つの建物の入居者は、日中の仕事はコワーキングスペースFEoT、ランチはgonno bakery market、週末は7丁目PLACEのマルシェで花を買い、やどり木でのワークショップに参加するなど、建物とオープンスペースを使いこなしてくれている。

3階
S=1/250

4階
S=1/250

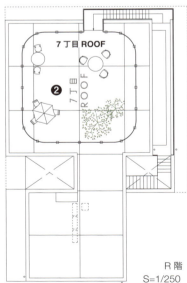

R階
S=1/250

❶ 入居者／Fさん

西葛西APARTMENTS-2のワンルームにお住まいのFさんは、FEoTの会員でもある。家具レイアウトが上手で、美しく部屋を住みこなす。建物見学や取材にはいつも協力いただいている。

❷ 7丁目ROOF

西葛西APARTMENTS-2にはオートロックがなく、屋上に出入り自由。7丁目ROOFと名づけた屋上は、居住者だけでなく外部にも開放している。ルーフトップヨガが人気のコンテンツ。

photo: 新建築社写真部

自分たちの住みたいまちをつくる

自分が暮らすまちの徒歩や自転車での生活圏の中に、新たな価値をつくり出したいと思って取り組んだのが西葛西APARTMENTS-2である。自ら誘致したgonno bakery marketのオーナーは30代の若い夫婦だったが、彼らも以前から駅前ではなく住宅街の中でテラス席のある店を持ちたいと思っていた。2階は、駒田建築設計事務所と私たちが運営するコワーキングスペースFEoT（FAR EAST of TOKYO）、3階と4階は賃貸住居5戸からなっている。建物内には1階デッキ部分の「7丁目PLACE」、屋上の「7丁目ROOF」と誰でも利用できるオープンスペースが各所に散りばめられている。

生活圏でのコミュニティを創出する

2000年から西葛西で住みながら働いてきた。駅周辺にはファミリーレストランやチェーン店が多く建ち並び、個人店や特徴のある店舗が少ないこのまちで、自分たちが休日にゆっくりと時間を過ごせる場所がほしい、自分たちの街は自分たちで変えようと、2013年に構想し始めた。「働く、商う、住む、集まる」をコンセプトに、住むだけでなく、働いたり、集まったりする様々な用途を詰め込み、住民以外の地域の人々と交流できるコミュニティを生み出す場をつくることを目標とした。隣接する西葛西APARTMENTS（2000年竣工）も私たちの設計だが、2棟間の隙間を「7丁目PLACE」と名づけて、ベーカリーエントランス、上階の賃貸住居や事務所、コワーキングスペースへの動線を重ねている。誰もが自由に入れて時間を過ごせる開かれた場所が街には必要だと常々考えていたことが実現した。屋外でゆったりと時間を過ごすテラス席でもあり、マルシェや子供の遊び場でもある「7丁目PLACE」は、ゆるやかな人々の交流の場となっている。

企画段階からテナントを誘致

店舗や事務所を含む建物全体のプログラムに

左が西葛西APARTMENT-2

やどり木と7丁目PLACEがつながるように屋外階段を設置

コワーキングスペースFEoT ＋ 駒田建築設計事務所 (西葛西APARTMENTS-2／2階)

空間とサービスのシェア

	コワーキングスペース FEoT	⇔	駒田建築設計事務所
共同利用	大テーブル	→	オープンな打ち合わせ用
	建築、デザインの図書	→	参考図書
閉店日利用	閉店なし		

初期投資額

項目	費用(万円)	内訳　※[ ]内は設計事務所負担割合(額)
内装(コワーキング分担分)	400	[50%(＝200万円)]
内装(コワーキング用)	100	テーブルDIY、チェア30脚
内装(事務所用)	50	基本的には既存利用
備品等	30	冷蔵庫2台、ルンバ、グラス、カップ、収納など[50%(＝15万円)]
合計額	580	
	−215	設計事務所共同運営メリット
拠点負担額	265	

[支出] 運営費 (月額)

項目	費用(万円)	内訳　※[ ]内は設計事務所負担割合(額)
人件費	0	床清掃はルンバ、トイレやキッチンは事務所スタッフで清掃
家賃	20	近隣の家賃相場価格(広さ・駅からの距離・価格)より算出 [50%(＝10万円)]
光熱費	2	水道光熱費は設計事務所とシェア[50%(＝1万円)]
備品	2	トイレットペーパー、洗剤、コーヒー、お茶など[50%(＝1万円)]
合計額	24	
	−12	設計事務所共同運営メリット 水道光熱費や備品、スペースをシェア
拠点負担額	12	

[収入] 売上 (月額)

項目	金額(万円)	内訳
フリー席／固定席利用料	36.74	月額利用料フリー席1.1万円×19名、固定席1.98万円×8名
初期事務手数料/法人登記/住所利用	5	初期事務手数料1.1万円、法人登記4400円、住所利用2200円
合計額	41.74	

ついて、融資銀行には難色を示されたが、自分たちのコンセプトを徹底し、融資に必要な条件を整えた。賃貸住宅部分は様々な暮らしに対応できる住まいとし、竣工とともに満室となっている。店舗は生活に密着したパン屋にこだわり、基本設計段階で地元の人気店gonno bakery marketを誘致した。

設計事務所とスペースをシェアしながら
売上を確保

事務所とコワーキングスペースは当初よりスペースをシェアすることを想定していたので、FEoTの初期投資は、デスクやチェアなどの備品、ホームページ作成などで150万円程度である。キッチンやトイレ、打ち合わせスペースは事務所と共有しており、開業当初は数人の利用者があればよいと考えていた。というのは、2018年はコロナ禍の前で、江戸川区にコワーキングスペースはほとんどなかったからである。未知数での開業となったが、ゆったりとしたデスクやキッチン、風が抜ける開口部など自分たちがほしい空間の質にこだわった結果、じわじわと会員は増え、コロナが本格化する前に30席が埋まり、現在も満席が続いている。

良い仲間を集め、自主運営を促す雰囲気づくり

賃貸住宅経営やコワーキングスペース・コミュニティスペース運営のための専属スタッフはおらず、私たち駒田建築設計事務所が担っている。コワーキングスペースの運営はゼロからのスタートだったので、当初は規約の作成や料金の設定などで試行錯誤が続いたが、良い会員に入ってもらえば規約は必要最低限でよいことがわかり、入会時の面談は自身で行うようにしている。エントランスを入ってすぐに受付代わりの3mの大きなキッチンカウンターを設置し、人が自然にとどまるよう設計段階で工夫した。コーヒーを入れたり、雑誌を読みながら挨拶を交わすなど、キッチンを介した自然なコミュニケーションが生まれている。日常の清掃は事務所と一緒にスタッフで行い、床掃除はロボット掃除機に任せるなど、運営の労力はできるだけ削減している。SNSでのプロモーションについては現在はほとんどできていないが、今後はやどり木も含め、広報や運営を強化することが課題である。

ゆるやかな地域のコミュニティ

今では周辺住民にも認知され、地域の誰もがゆったりと過ごせる場所をつくるという意味では、当初の目的を果たせていると感じる。また、コワーキング契約者(ドライフラワー作家)が週末、7丁目PLACEでマルシェを運営する、以前のコワーキング契約者(カメラマン)が独立してやどり木を撮影スタジオとして利用するなど、竣工当初にはなかった良い循環が建物内で生まれている。いずれも自然発生的に起こっており、ここからの学びは大きい。

今後は利用者とさらにつながり、積極的に循環を促すような仕掛けをつくりたいと考えている。もともと、自分たちが住んで働く場所を、地域の人が気軽に立ち寄れる魅力的な場所にしたいという思いであったが、現在は他にも拠点ができないかと模索している。個人の小さな活動の集積が、点から面へ広がっていけば、人と人がつながって思いもよらなかったような変化を起こし、街が変わっていくきっかけになるのではと期待している。

(駒田由香)

建築概要

構造	鉄筋コンクリート造 4階
施工	山庄建設
敷地面積	284.69㎡
建築面積	164.52㎡
延床面積	528.20㎡

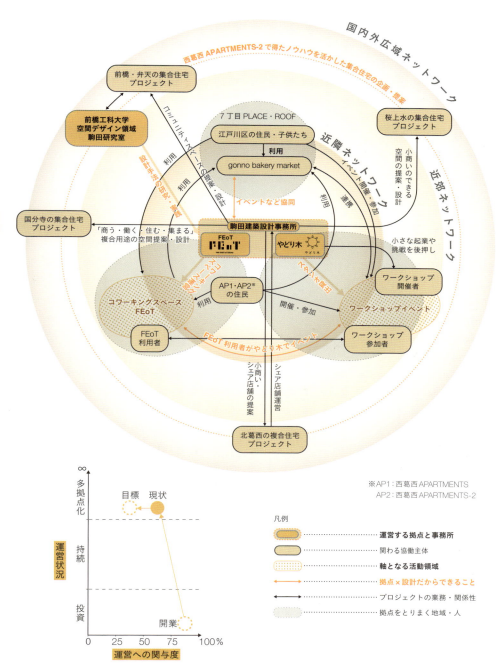

拠点運営の現状と目標

11 ｜ 西葛西 APARTMENTS-2 「働く、商う、住む、集まる」がつくる小さな生活圏　147

12 Bed and Craft LOUNGE ＋ nomi
観光客と職人の新たな付き合い方

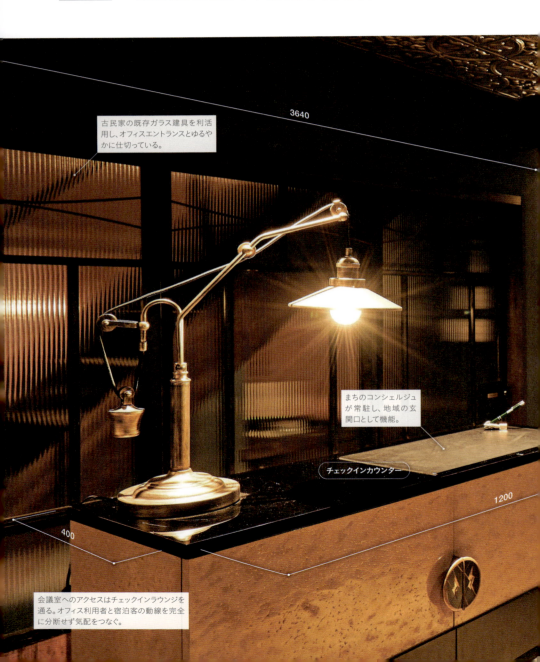

設　　　計　株式会社 コラレアルチザンジャパン
所 在 地　富山県南砺市本町3丁目41番地
営業日時　Bed and Craft LOUNGE
　　　　　宿泊：水〜月 10:00〜21:00／飲食(nomi)：水〜日 18:00〜23:00

- 古民家の風合いと調和するブリキ化粧成型パネルを天井の意匠として使用。ヨーロッパでは100年以上の歴史がある。
- 既存の木造躯体を現しにすることで、天井高を確保すると同時に古民家の趣きも向上させている。
- バーエリアからは、チェックインの際のウェルカムドリンクを提供。
- 現在はミニキッチンを増設。
- 奥は蔵をリノベーションしたレストラン「nomi」。
- 町家の特性を活かして、奥に抜ける視線を確保し、広がりを感じさせる工夫。
- 蔵から発見された総漆塗りのキャビネットを活用。30年以上前に日展に出展された秀作。
- 木彫で使われた木っ端（木クズ）から精油（アロマオイル）をつくり、空間の香りづくりに役立てている。
- 古材を利用した無垢のフローリングを足元に。

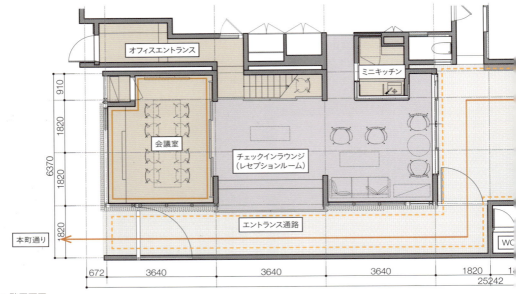

1階平面図

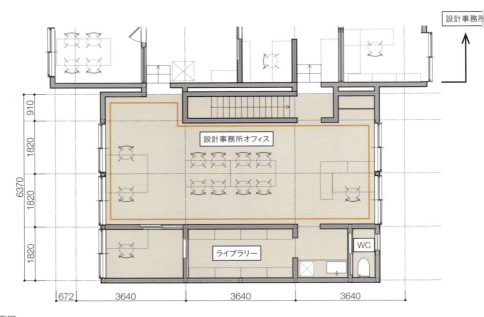

2階平面図

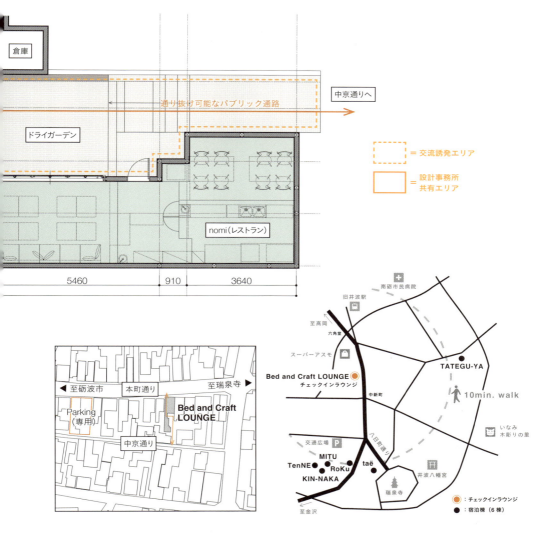

Bed and Craftは、日本屈指の木彫刻のまちとして600年以上の歴史を持つ富山県南砺市井波地域で始まった、「職人に弟子入りできる宿」をコンセプトにした新しいスタイルの宿泊施設である。古民家をリノベーションした宿泊棟に宿泊しながら、まちに点在する職人の工房に通い、クラフトのワークショップを体験する。そこでは日頃なかなか実感できないものづくりの醍醐味を、現地で活躍する職人や作家たちと一緒に享受することができる。本町通りと裏路地（中京通り）をつなぐ通り抜け路地は、まちに点在する宿泊棟へのアプローチとなる。同時に趣き深い町並みへと宿泊客を誘い出し、老舗の酒造場や蕎麦店を訪れ出会う地域の人々との交流も旅の楽しみの1つになる。

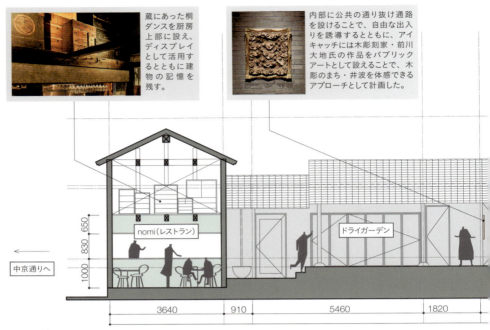

蔵にあった桐ダンスを厨房上部に設え、ディスプレイとして活用するとともに建物の記憶を残す。

内部に公共の通り抜け通路を設けることで、自由な出入りを誘導するとともに、アイキャッチには木彫刻家・前川大地氏の作品をパブリックアートとして設えることで、木彫のまち・井波を体感できるアプローチとして計画した。

Y3 通り断面図

全開放可能な折戸サッシで、天気の良い日は家具を外部に設置してテラス席に。

2階はオフィス空間として利用し、設計事務所とホテルラウンジを兼ねた建物。

床・壁には素焼きの上海タイルを使用し、経年変化を楽しむことができる。

エントランス通路を抜けると、蔵をリノベーションしたレストラン「nomi」と町家の坪庭を活用したドライガーデンにつながる。そのまま裏路地にもつながっており、新たな公共空間を建物内に計画した

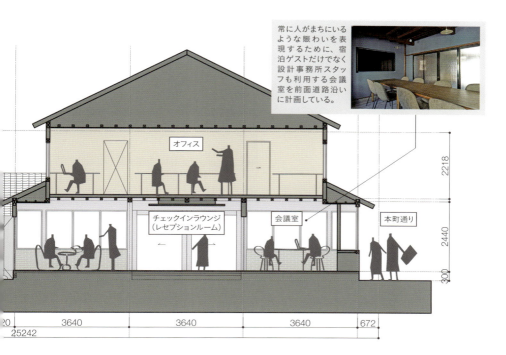

常に人がまちにいるような賑わいを表現するために、宿泊ゲストだけでなく設計事務所スタッフも利用する会議室を前面道路沿いに計画している。

チェックインの際のプライバシーを確保すると同時に、工芸作家の展示空間としても活用できる。

パブリックスペースとして開放することで通り抜けを可能としつつ、レストランへのアプローチとしても利用されている屋根付きの路地。

連続する町家の風景を阻害しないよう、ニッチを設けて室外機を収納している。

Bed and Craft LOUNGE 外観。派手に彩ることなく、町に調和したデザインにすることで、昔からここにあったかのような雰囲気をつくり出している。連続する窓からこぼれ出る光が、足元を照らすトーチの役割を果たす

12 | Bed and Craft LOUNGE + nomi 観光客と職人の新たな付き合い方 153

職人の暮らしを感じる日常のツーリズム

南砺市井波地域は、富山県南西部に位置する人口約8000人の小さなまち。しかし、そこに井波彫刻と呼ばれる伝統工芸に従事する職人が200人以上もいるという日本一の彫刻のまちでもある。中国・上海から拠点を日本に移そうと考えていた頃に、ものづくりのまちに住みたいとの想いから井波への移住を決めた。

彫刻のまちとはいえ、観光客もまばらで旅の目的地としての知名度もない井波では、時折旅路の途中に寄る観光バス旅行者も1時間程度の滞在ですぐに次の目的地に向かってしまう。もっと職人の魅力に気づいてほしい、ゆっくり工房を訪れてほしいとの想いから、このまちに足りないのは目的地になる宿泊施設がないことだと気づいた。それならばと、2016年に始めたのがBed and Craftである。その後、棟数も増えていき、まちを散策しながら地域に点在する宿泊棟に向かってもらう「まちやど」という宿泊スタイルを採用している。2024年現在、飲食や物販店舗の関連施設を含めると11施設にまで広がった。Bed and Craft LOUNGE＋nomi（以下、BnC LOUNGE）はその中心施設であり、まちのコンシェルジュが滞在し、宿のチェックインやまちの情報を知るための井波の玄関口として機能している。

地域内経済循環を生み出し、「関係資本」を外部と構築する

BnC LOUNGEの建物は、1階部分をホテルのチェックインラウンジおよび飲食エリア、2階を設計事務所エリアとして活用している。経営的には、ミーティングスペースの共有や水道光熱費の共有等の小さなメリットはあったものの、宿泊施設はまちのインフラとして重要な機能だと信じ、開業当初は設計事務所での利潤を宿泊部門に再投資するサイクルで、何とか会社全体で運営している状況が数年間続いた。開業当初から「泊食分離」を掲げて、地域内の飲食店や

宿泊棟の1つ「Bed and Craft Roku」。Bed and Craftはすべて1棟貸し

まち全体がBed and Craftのホテルになる

滞在中は地元の職人から手ほどきが受けられる

まちの商店での買い物も旅の思い出に

Bed and Craft LOUNGE ＋ nomi ＋ コラレアルチザンジャパン

空間とサービスのシェア

Bed and Craft LOUNGE・nomi	⇔	コラレアルチザンジャパン
	BnC LOUNGE（貸し会議室） →	会議室
共同利用	nomi（飲食店舗） →	ランチスペース
	宿泊利用 →	宿泊代10％オフ
社員割引	飲食利用 →	飲食代10％オフ

初期投資額（BnC LOUNGE）

項目	費用（万円）	内訳　※[ ]内は設計事務所負担割合（額）
内装（BnC LOUNGE＋設計事務所 分担分）	1400	主屋の改修[40％（＝560万円）]
内装（nomi 分担分）	1400	離れの改修
家具（BnC LOUNGE＋設計事務所 分担分）	150	ソファ、デスク、チェアなど[40％（＝60万円）]
家具（nomi 分担分）	250	
設備費（BnC LOUNGE＋設計事務所 分担分）	70	空調、冷蔵庫等[40％（＝28万円）]
設備費（nomi 分担分）	200	
駐車場整備費	150	[40％（＝60万円）]
雑費	180	
合計額	3800	
	−708	設計事務所共同運営メリット
拠点負担額	3092	

［支出］運営費（月額／Bed and Craft 6棟）

項目	費用（万円）	内訳　※[ ]内は設計事務所負担割合（額）
人件費	150	6棟合計。設計スタッフがマルチタスクとしてホテル業務を兼任[7％（＝10万円）]
家賃	0	自社物件のため
光熱費	7.5	
雑誌定期購読	1	
合計額	158.5	
	−11	設計事務所共同運営メリット
拠点負担額	147.5	

［収入］売上（月額／Bed and Craft 6棟）

項目	金額（万円）	内訳
宿泊業売上	320	6棟合計
飲食業収益	180	nomi
合計額	500	

12 ｜ Bed and Craft LOUNGE ＋ nomi　観光客と職人の新たな付き合い方

小売店舗を回遊してもらい、いち宿泊施設だけに利益を集約させるのではなく地域全体に利益が循環する仕組み（地域付加価値の創出）を採用し、その活動が評価され、現在は各棟に企業や投資家から出資を受けており、弊社が企画から改修、運営委託までワンストップで業務を行う「オーナーシップ制度」を創出している。今では6棟まで増加し、設計業の利潤を再投資しなくても、宿泊業のみで運営が成り立つ仕組みを確立できている。そして現在も、空き家を利活用した宿泊施設開発に参画したいと、新たな投資家からのお声をいただいている。

まちで暮らす人々の生業の垣根を溶かす

宿泊業を開業した当初は、宿泊者の到着時間に合わせて各棟でのチェックインを行っていたのだが、到着が遅れる等の時間的ロスが多かった。人的資源を有効に活用するために、普段は設計事務所部分での作業を行いつつも、宿泊者が到着するとチェックインのおもてなしのためコンシェルジュとしてお出迎えするなど、マルチタスク方式を採用している。特に人材獲得が難しい地方では、1人が何役もこなすことは重要であると同時に、宿泊者の趣味嗜好や食事のアレルギー等への対応も、マルチタスク方式を採用することでスムーズな情報の伝達と連携を行うことが可能となり、顧客満足度を上げることにもつながっている。

古来より日本の宿場町は「まち全体でおもてなし」を行う風習があった。それゆえ、まちで暮らす人々の生業の垣根を溶かすことで、現代の宿場町的おもてなしの手法が見出せるのではないかと考えている。

「健やかに続く」をデザインする

Bed and Craftも参画している一般社団法人日本まちやど協会は、まち全体を1つの宿と見立てて宿泊施設と地域の日常をネットワークさせ、まちぐるみで宿泊客をもてなすことで地域価値を向上していく事業を行っている。コロナ禍が過ぎた今、改めて空き家や民泊が観光資源として注目されているが、伝統的な古民家をはじめとする日本の建築遺産が粗悪なリノベーションにより建物としての価値を損ねたり、観光に偏りすぎて暮らしに根づく地域文化を蔑ろにしてしまうなど、各地で様々な弊害をが生じることが懸念される。特に私たちが掲げている「お抱え職人文化を再興する」というビジョンにもあるように、つい数十年前まではどのまちにも職人がいて、建築をはじめとする様々なものづくりに関わっていた。伝統工芸もその1つで、多くの産地で売上減少や後継者不足によりその灯火が消えかかっている。私たちの取り組みが、そんな地域に少しでも勇気を与えるような「井波モデル」として全国的に広がっていったらよいと思っている。そして、私たちの「地域の日常」とは「職人がいる暮らし」だということを伝え続けていきたい。観光業の専門家ではない建築家だからこそできることがある。長期的な視座を持ち、まちが永続的に「健やかに続く」仕組みをつくること。それが新たな職能として建築家に求められる時代が、もうそこまで来ていると感じている。

（山川智嗣）

建築概要

構造	木造2階
施工	藤井工業
敷地面積	64.22㎡
建築面積	31.27㎡
延床面積	110.61㎡

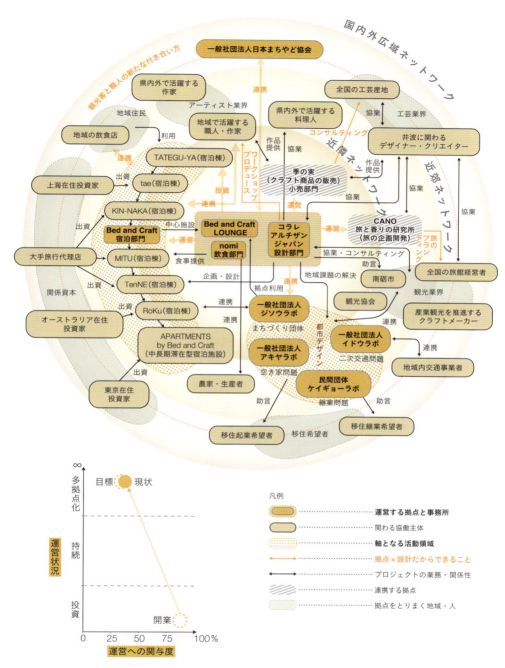

拠点運営の現状と目標

12 | Bed and Craft LOUNGE + nomi　観光客と職人の新たな付き合い方

13 SMI:RE YOYOGI ／ SMI:RE YOYOGI ANNEX
不動産事業で地域を変えるスイミー型まちづくり

2018年に中古購入、リノベーションしたSMI:RE YOYOGI。

車庫をリノベーションしたSMI:RE DINER CARPORT。

各プログラムの共有スペースとして利用されるテラス。外部空間の価値化・活動の風景が現れることを意図している。

道とつながる外部空間を設け、周辺と連絡する計画としている。

設　　計	株式会社 ビーフンデザイン一級建築士事務所・松本悠介建築設計事務所
所 在 地	東京都渋谷区代々木3-13-1（SMI:RE YOYOGI）／3-15-1（SMI:RE YOYOGI ANNEX）
営業日時	空間レンタル：7:00〜23:00／その他：各店舗・オフィスによる

土地を分筆して2021年に新築したSMI:RE YOYOGI ANNEX。

カーポート・リノベーション・新築といったスケールやつくられ方が異なる建物群が外部空間を共有することで、1つの環境をつくり出すことを試みている。

新築接道

roof plan

新宿駅へ

敷地で袋小路だった道路がつながり、地域の人も通る場所になった。

気軽にアクセスができるようにLUUPステーションを設けている。

2021年新築の賃貸住宅
SMI:RE YOYOGI ANNEX

日替わり店主たちの住居、長期・短期宿泊施設。

居住者の共有テラスとしてルーフテラスを設けている。各住戸へは塔屋からアクセスする。

　東京都の渋谷区代々木にあるリノベーション建物と新築建物からなる複合的な計画。2018年のリノベーション計画から始まり、2021年に新築部分が出来上がり、プログラムの変更に応じて現在も継続的に改修を行っている。敷地は、近隣の商業地から少し奥まった住宅地に位置する場所で、地域コミュニティが存在し落ち着いた雰囲気が漂う。主な用途は、短期宿泊施設、賃貸住宅、テナント、オフィス、シェアスペース、設計事務所、オーナー住居（進藤自邸）などで、既存のコミュニティや環境にうまく接続できるような建物のあり方・使われ方、また、これから新しく何かを始めようとする人たちの支援ができるような仕組みを模索している。

**スペースのリサイクル
（カーポート、外部空間の利用）**

現代の生活様式で使われなくなった場所を有効利用することを考えている。例えば、都市市部で使われなくなったカーポートなどの新しい使い方を再発見することで、小さな規模から街を変えることを目指している。

つながるつくり（内部と外部、周辺環境が連続）

屋内が、テラスとつながり、一体的なリビングや店舗として機能するようなオープンなつくりとなっている。暮らし方の豊かさをつくることや共有の空間があることで、昔ながらのコミュニティにも近い感覚で協力体制が生まれ、周辺地域にもつながり、より広い地域環境をつくり上げることを意図している。

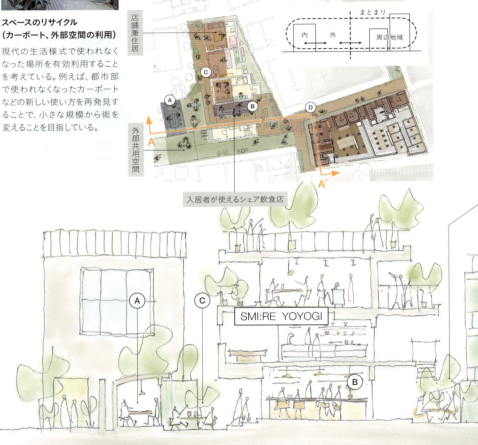

スタートアップを支援する設備の提供

通り抜け通路に設けられたシェアキッチン。YOYOGI ANNEXの居住者がマスターとなり、日替わりで店舗を出す。

デッキを敷き各店舗を配置。大きな開口は既存サッシを利用して各店舗のファサードをデザインしている。2023年2月よりベーカリーとコーヒー屋さんがオープン。さらなる賑わいを創出していく。

事務所の人、入居者、宿泊者が仲良くおしゃべりしたりタバコを吸っていたりする不思議な空間。

ルーフテラス。3室の塔屋が共有する屋上のデッキスペース。

SMI:RE YOYOGI ANNEX

A-A' 断面図

他エリアでの店舗用併用集合住宅の展開

Dorp（代沢）

1階を土間空間にすることで外からつながりやすくし、事業用2層シンクの設備を導入することで、飲食店のスタートアップを支援。

MADO TERRACE
DOMA TERRACE（瑞江）

リビングの一部が、週末店舗や事務所に変わるフレキシブルな空間。長期的な用途変更や規模変更に対応できる構造躯体をデザイン。

自らが発注者となりまちを変える

住宅地という落ち着いた周辺環境は、一方で変化の少ない閉塞的な状況を生みがちである。自由な雰囲気の中で、新しい出会いや体験が自然と生まれるような、空間的にも利用する人の流れ的にも、使われ方の仕組みについても開放的で動的なあり方を目指した。

我々ビーフンデザインは以前より、SMI:RE（スマイル）不動産を通じて宿泊施設（SMI:RE STAYシリーズ）・賃貸施設の運営・管理、副業的起業支援としてシェアキッチン（SMI:RE DINERシリーズ）、住みながらの商い／新しい働き方の模索、コミュニティ交流を目的とした月1の食事会主催など、設計業務以外の複合的な活動を重視してきた。使われ方や運営の仕組み、コミュニティを育成しながら、入居者にとっては「まちづくりや新しい働き方の実践塾」のような場所を目指しつつ、設計事務所自らが発注者となることで建築のまちへのインパクトを最大化する事業をデザインしている。

ファッションデザイナーの休日はタコス屋。

健康オタクなモデルによるフレッシュジュース。

持続する原動力／"好き"なことを原動力に。"好きなことならずっと続けられる"という原初的なエネルギーを大切にしている。また、"好きを共有すること"で持続性とネットワークの広がりを目指している

新しい働き方を目指して

起業を志す入居者は、シェアスペースをうまく利用することで、スタートアップ時の金銭的な負担を軽減している。具体的には、シェアキッチンに最低限の厨房機器を設けることで飲食起業のイニシャルコストのハードルを下げること、また、転貸可能な賃貸住戸（ニコイチ：住みながら賃貸経営を行うことのできる2重プランで実践的に不動産経営を行う）といった新しい仕組みを実験的に行なっている。趣味の延長として副業的なチャレンジやスタートアップができるシェアスペースがあれば、スモールスタートが可能になる。新しい働き方を入居者と一緒になって模索する実験場である。

多様化する価値観や生活様式の中で、我々ならではの新しい生活や働き方を見つけながら、都市の価値・地方の価値に根ざした強度あるロールモデルをつくりたいと考えている。

解体待ちのオーナービル（錦糸町）。建て替え後にどんな場所・空間があるといいかについて入居希望者と一緒に話しあい、イベントを行いながら実験的に探っていく。

イベント後はみんなで交流会。

地域との親和性／ゼロベースの急激な開発は、周辺地域との断絶を生み出してしまう。時間をかけることで周辺地域と協働して環境をつくることを目指す

SMI:RE DINER 101 (SMI:RE YOYOGI内) + ビーフンデザイン

空間とサービスのシェア

	SMI:RE DINER 101	⇔	ビーフンデザイン
共同利用	シェアキッチン	→	イベントスペース
	副業支援施設	→	不動産の実験室
閉店日利用	シェアキッチン	→	ショールーム
			会議室
			応接室

初期投資額

項目	費用(万円)	内訳
内装	290	業務用冷蔵庫、ガス4口コンロ等
内装(扉)	50	カウンターテーブル10名
客席家具	70	椅子10脚
キッチン造作	50	
キッチン調理器具	15	オーブンレンジ、トースター、炊飯器
BBQ 設備	20	
サーバー	0	ビール、ハイボールサーバー(レンタル)
セミナー用モニター	5	
合計額	500	スタートアップがしやすいよう共通備品は設備として準備 日替わり店主は月額利用料のみでお店を持てる

[支出] 運営費 (月額)

項目	費用(万円)	内訳
人件費	3	管理、定期清掃、SNS運営、自社イベント人件費
家賃	7.8	自社物件(住宅時は7.8万円/月)
光熱費・消耗品	2	電気・ガス・水道、その他
仕入れ費	1.5	イベント用酒類
拠点負担額	14.3	

[収入] 売上 (月額)

項目	金額(万円)	内訳
家賃収入(日替わり店主)	18	昼週2回稼動、夜週2.5回稼動の場合＋お酒売上
イベント収益	6	イベント参加15人×売上2000円/人×2回/月＝6万円
合計額	24	

育つ自走モデルを目指して

DINER（シェアキッチン）の利用者は、基本的に紹介制で新しい人が参加する仕組みとなっている。先輩マスターから使い方のレクチャーを受け、それを後輩マスターへとレクチャーする方法を採用しており、利用終了時にSNS上で終業報告を画像付きで行い、施設維持の意識、コミュニティとしての事業意識の共有をグループ全体で行っている。加えて、他のDINER（代々木公園、錦糸町など）のマスターと定期的に交流会を行い、運営方法に関する情報交換や顧客の紹介を相互に行い、マスター同士のコラボやコミュニティの交流による新しい事業展開が生まれる、親密で流動的なコミュニティがつくられている。主催者の手を離れ広がりながら自走するモデルを模索することで、持続可能な育つコミュニティを目指している。

共感でユナイトするスイミー

個々のプロジェクトが独立しながらも連携することで、有機的な人的・事業的・文化的ネットワークの創出を目指している。この場に集い、働き暮らす人々が直面する種々の問題（住環境・働き方・地域文化・価値観）を個別に思考するのではなく、多様なスキルや価値観を持ったチームと捉え、支え合うことで、この先の価値観を模索できるのではないかと考えている。

いわば、小さな魚たちが力を合わせ、大きな魚に立ち向かう絵本『スイミー』（レオ・レオニ著）のようなプロジェクトだ。

ゆくゆくは、今までのプロジェクトを通して知りあったパートナー・育ったパートナー（キーパーソン＝スイミー）と連携・協働することで、1724市区町村でその場所固有の文化や価値観・生活様式を再発見することを目指している。

1724市区町村まちづくりセミナー

そのために、活動として全国88カ所でまちづくりセミナーを実施している。活動開始から2年が経過した現在、33セミナーを実施しており、今後もこの活動を全国で続けていく予定だ。

（進藤強・松本悠介）

2018年から年に1回、入居者とともにBBQとクリスマスマーケットを行っているMADO TERRACE DOMA TERRACE（瑞江）。最初は設計事務所主導だったイベント企画は、今ではオーナー・入居者からの発案で行われる形になり、まちに開かれた空間へと育った。

大きく育つものはゆっくり育つ／時間をかけて試行錯誤することで、現代の新しい価値観にあった仕組みを模索しつつ、自己更新する仕組みを目指している

地域に開いた賃貸物件やイベントなどを通じて、入居者コミュニティが生まれる。その中で様々な人と出会い、それぞれの得意なことや困りごとが人と人をつなげ、コミュニティの幅を広げる

建築概要

構造	既存棟：鉄骨造3階
	新築棟：木造3階
施工	株式会社ジーエスビルド
敷地面積	239.68㎡
建築面積	120.46㎡
延床面積	361.47㎡

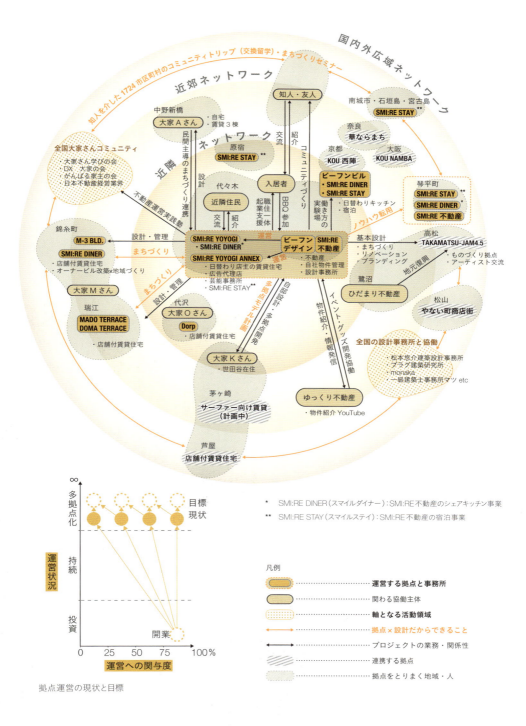

拠点運営の現状と目標

13 | SMI:RE YOYOGI / SMI:RE YOYOGI ANNEX　不動産事業で地域を変えるスイミー型まちづくり　167

14 みんなの複合文化市庭 うだつ上がる
河川交易を編集し、新しい地域文化をつくる

うだつとは、隣家への延焼を抑えるために建物の2階に設けられた防火壁のこと。設置に莫大な費用を要することから、次第に富の象徴となった。屋号である「うだつ上がる」もこれに着想を得た。

85棟が軒を連ねる長さ450mの「うだつの町並み」として1988年に重要伝統的建造物群保存地区に選定された。

うだつの町並み中心部へ

うだつの町並み東側入口へ

設　　計　TTA＋A 高橋利明建築設計事務所
所 在 地　徳島県美馬市脇町大字脇町156
営業日時　ショップ・空間レンタル：木〜月 11:00〜17:00（イベントにより夜営業あり）

虫かごに似ていることから名づけられた「むしこ窓（虫籠窓）」は、光や風の通り口や、盗難防止のために設けられたもの。1階に加えて2階も店舗として開放し、屋内からむしこ窓を見られる場所は近隣でもめずらしい。

お店の目印となる照明が、町並みに優しい明かりを灯す。

木製のガラス建具にすることで、店内の雰囲気を外から見えやすくした。重要伝統的建造物群保存地区の中にあるため外観は容易に変更できないが、既存建具と同サイズの建具に入れ替えることを条件に許可されている。

施設内のイベントやカフェメニューを掲示する看板は、建物を傷つけないように裏から固定している。

播州織の生地に銀箔で店舗のロゴを箔押しした暖簾。生地は藍染で染めており、紫外線で変色するが、染め直せば新品同様に発色する。この暖簾で、染め直せば長く使い続けられる藍製品の魅力を発信している。

町並みの景観を損なわないように、docket storeが手がけるROAD CONE SIGNに竹製のカバーを重ねて採用。

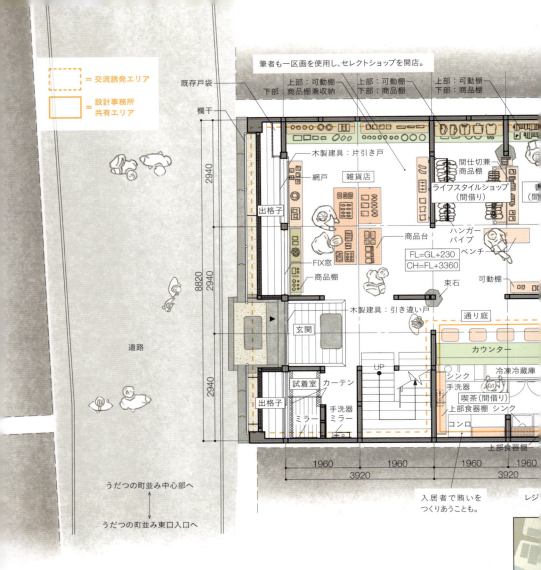

徳島県の美馬市脇町にある「みんなの複合文化市庭 うだつ上がる」は、築150年の古民家を改装した複合施設。1階には間借りの古着屋、書店、喫茶、自身の建築設計事務所と雑貨店が入居し、2階には家具のショールームと別の書店が入るほか、ギャラリースペースを併設。1階・2階ともレンタルスペース機能も併せ持ち、不定期でイベントや展示を行っている。自社運営の雑貨店WEEKEND TAKAHASHI STOREでは、「暮らしにそっとデザインをそえる」をコンセプトに、ものづくりの背景まで伝えたい雑貨を筆者自らセレクトして販売。本や服・雑貨などのプロダクトや、そのつくり手・売り手・買い手が県内外から集まって交わり、新たな文化や働き方が生まれる「スクランブル交差点」を目指す。

サロン(下)の奥に事務所スペース(上)を設け、設計事務所の様子を誰でも見えるようにしたことで、お客さんとの予想外のコミュニケーションが生まれるきっかけになる

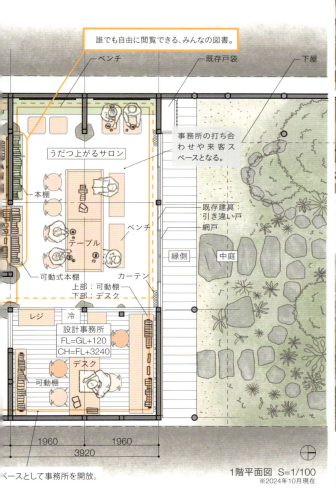

大家さんが大事に手入れしている緑豊かな中庭。うだつ上がるができたことで、多くの人の目に触れるようになり、大家さんが喜んでくださった

通り庭に沿ってライン照明を設置し、中庭のある空間へ誘導する。

うだつ上がるサロンへ

入口へ

2階へ

通り庭を軸に、店舗同士を間仕切りすぎずに配置。他の店舗が自然と目に入るような動線を意識し、興味や好奇心が行き交う空間づくりを目指した

間借りの店主が協働してコラボレーションメニューを出すこともしばしば。毎月のように新企画が生まれ、お客様にも楽しんでいただいている

サロンは普段はカフェスペースとして開放。中央の大きなテーブルはイベントにも仕事にも使い勝手が良く、使う人によって様々な使い方を提案できる

2階の書店は兵庫県川西市でBOOKS＋コトバノイエを営む加藤博久さんに、本と人が出会う場のブックディレクションを依頼している。

もともと雨戸のみだった開口部をガラス戸にして、周辺環境と連続性を持たせた。

中庭を眺めながらゆっくり本を読むライフスタイルを体感しつつ家具の使用感を知ることができるショールーム

(上)2階の書店はBOOKS＋コトバノイエによる選書。(下)家具のレイアウトを柔軟に変え、2階全体をイベントスペースやギャラリーとしても使えるようにしている

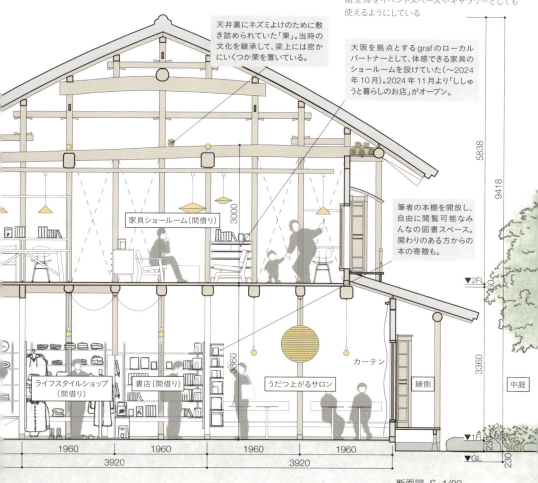

天井裏にネズミよけのために敷き詰められていた「栗」。当時の文化を継承し、梁上には密かにいくつか栗を置いている。

大阪を拠点とするgrafのローカルパートナーとして、体感できる家具のショールームを設けていた(〜2024年10月)。2024年11月より「ししゅうと暮らしのお店」がオープン。

筆者の本棚を開放し、自由に閲覧可能なみんなの図書スペース。関わりのある方からの本の寄贈も。

断面図 S=1/80
※2024年10月現在

暮らしや生き方の選択肢を増やす場所

脇城の城下町として発展した脇町。吉野川の水運に恵まれたこのエリアは、藍を船で運ぶ集散地であった。藍商人たちの商家には"富の象徴"とされる本瓦葺きで漆喰塗りの「うだつ」が見られ、その家並みは約450mの重要伝統的建造物群保存地区「うだつの町並み」として保存されている。「うだつの町並み」内にある当施設は、かつてこのエリアが船着場として栄え、人やものが行き来していた歴史に着想を得た。「ひと・もの・ことのスクランブル交差点」というコンセプトを立て、"暮らし"や"生き方"まで提案する場をつくることを目指している。

それを実現させる方法が"間借り"だ。筆者がすべての店舗を運営せずに出店を募ったことで、各店の多様なファンが集まり交差する場となっている。また、当施設に入居している店主は他に仕事を持つ人がほとんどで、間借りでスモールスタートし、無理なく自身の好きなことを仕事にしている。彼らの提供する商品は豊かな暮らしを提案し、彼らの働き方は地方での生き方の選択肢を広げる。目指すのは、この場所での出会いや経験を通して「地方には何もない」というネガティブなイメージを払拭し、地方で楽しく暮らすヒントを発信していくことだ。

"間借り"でリスクを分散

新型コロナウィルスが猛威を振るっていた2020年5月にオープンした当施設では、筆者がキュレーターを務めるMOTION GALLERYにて同年1月からクラウドファンディングをスタート。改装にかかる資金約700万円のうち約200万円を寄付で賄っている。このクラウドファンディングは広報の役割も果たし、今も当時の記事を見て訪れる人がいるほどだ。

施工は、設計事務所である強みを活かして分離発注。ホームセンターで揃う材料や、エアコンや照明などの設備は自身で調達した。家具は大工さんが組めるように設計して初期投資を抑えた。

喫茶を楽しみながら作家によるドローイングを観賞。地域で文化や芸術に触れる機会を積極的につくっている

夜は藍染のカーテンを閉め、昼とは違う雰囲気を味わい、楽しめる

好きなことや得意なことを表現するためのギャラリー。入居者の他、一般の人も利用できる

うだつ上がるで生まれたイベント「うだつのあがる古本市」を近隣の芝居小屋「オデオン座」で開催した様子。自身の守備範囲を点ではなく面で捉え、地域全体の利活用を目指している

うだつ上がる ＋ TTA＋A 高橋利明建築設計事務所

空間とサービスのシェア

	うだつ上がる	⇔	TTA＋A 高橋利明建築設計事務所
共同利用	みんなの図書	→	参考図書
（閉店日利用も同じ）	間借りキッチン	→	事務所キッチン
	サロンスペース	→	作業スペース 打ち合わせ室
	レジ		
	休憩室（間借り店主）	→	事務所
社員割引	みんなで賄い	→	みんなで賄い
	各店舗割引	→	各店舗割引

初期投資額

項目	費用（万円）	内訳　※[ ]内は設計事務所負担割合（額）
内装	688	大工工事・仕上げ423万円＋造作家具100万円＋電気工事131万円＋建具工事19万円＋カーテン・暖簾一式15万円[20%（＝137.6万円）]
照明器具（寄贈）	12	C社寄贈×2灯（＝4万円）＋D社寄贈×3灯（＝8万円）
家具（新規購入）	25.3	事務所テーブル2.3万円＋イス1.3万円×2脚＋イス3.5万円×2脚＋CAFEイス0.5万円×4脚＋イス1.4万円×4脚＋サイドテーブル1.3万円×4脚＋サイドワゴン0.6万円
飲食用キッチン	48	[20%（＝9.6万円）]
飲食用キッチン家電	6.6	オーブンレンジ1.9万円＋グラインダー3.6万円＋電気ケトル0.7万円＋ドリップスケール0.4万円[20%（＝1.3万円）]
備品（店舗分担分）	26.4	ワイヤレスチャイム0.3万円＋掃除機1.2万円＋ロボット掃除機5.5万円＋ハンディークリーナー0.5万円＋AVアンプ2.8万円＋スピーカー2万円＋スピーカーケーブル0.8万円＋Bluetoothスピーカー2万円＋スクリーン1万円＋プロジェクター8万円＋ネットワークカメラ0.4万円＋脚立0.7万円＋ポスト1.2万円
備品（事務所分担分）	8.4	PCモニター1.4万円×2台＋WiFiルーター1.6万円＋A3複合機4万円
店舗広報ツール	17.7	ロゴデザイン費6万円＋ショップカードデザイン費2.5万円＋パンフレットデザイン費7万円（各印刷費別途）＋看板製作費2.2万円
行政手続き	5.3	防火管理責任者0.8万円＋飲食店営業許可1.8万円＋食品衛生責任者0.7万円＋古物商2万円
事務所名刺デザイン費	3	事務所移設のため（印刷費別途）
インターネット加入金	0.2	
保険	3	
合計額	843.9	
	−175.1	設計事務所共同運営メリット
拠点負担額	668.8	

［支出］運営費（月額）

項目	費用（万円）	内訳
人件費	11.6	0.5万円×3日×4週＝6万円／0.7万円×2日×4週＝5.6万円
家賃	5.5	大家さんへ支払い
光熱費	2.5	1年間の月平均
通信費	0.4	インターネット
借入返済	6.4	日本政策金融公庫
うだつ上がる2階の本	1	BOOKS＋コトバノイエ　ブックディレクション費
合計額	27.4	
	−12	設計事務所共同運営メリット（上記人件費、設計事務所兼うだつ上がるアルバイト、通信費）
拠点負担額	15.4	

［収入］売上（月額）

項目	金額（万円）	内訳
間借り家賃収入	23.1	3.3万円×7社＝23.1万円（このうち、筆者も2社分支払っている）
レンタルスペース収入	1	1年間の月平均
合計額	24.1	

筆者が雑貨屋を営んでいることも幸いし、喫茶店内で使う器は自身が取り扱っているものを使用している。オープン当初はパンデミック真っ只中で人通りがなく営業危機を迎えたが、"間借り"の形態が活きて、家賃を負担しあうことで乗り越えることができた。2024年10月にはオーナーが徳島出身で現在福井県に店舗を構えるBENTO（ライフスタイルショップ）が入居した。間借りすることで故郷の徳島に帰るきっかけをつくる一つのモデルケースとなった。2024年11月には奈良・広島と多拠点で月3日ずつ巡回営業するitobanashi（ししゅうと暮らしのお店）が、初の試みとして間借りで拠点を持つ。うだつ上がるに訪れたお客さんが県外の間借り店舗を認知したり、実際にその土地へ赴くきっかけとなり、地域間の往来が生まれることを促す。間借りというかたちの新たな可能性を探り自身も入居者もお互いに持続可能な経営を実現していく。

"みんなの店"として助け合う

接客やレジは基本的に筆者またはその場に居合わせた入居者が担当している。入居者であれば誰でもレジを打てるようにして、筆者不在でも開店できるように工夫した。レジを筆者自らが担当することで、自然とお客さんとの会話が生まれており、観光案内所のような役割を果たしている。定休日は火・水曜日とし、建築設計事務所の仕事や打ち合わせはそのときにまとめて行うようにしている。定休日以外も現場の仕事が入った場合は臨時休業にすることで、無理なく運営できている。入居者全体で必要最低限のルールのみを決めて、自由に店舗を運営できるように任せていることもポイントだ。また、イベントスペースとして貸し出す際には、入居している飲食店がフード出店としてイベントに参加することで、それぞれの入居者がこの場所に当事者意識を持ち、自然な流れで助け合う関係性が生まれている。入居者同士で相談に乗り合う様子や、毎月のように店同士のコラボも見られ、間借りで場を運営すること

の相乗効果が生まれていると実感している。

県境レスな生業と社会をつくり出す

うだつ上がるをオープンして4年が経ち、最近ではUターンした人を中心に地元の若者が集うようになった。ここに集まる若者が、自分の職能を活かして多様な働き方をしたいと思える仕事を生み出すことが、筆者が担う役割だと感じている。うだつ上がるに集まったUターン者たちが発起人となり、年に2回ほど継続的に「うだつのあがる古本市」というイベントを行っている。歴史ある芝居小屋「オデオン座」などを会場として、地域資源を活用しながら町全体に賑わいを生み出している。そして彼らが徳島だけに留まらず、四国や全国をフィールドに生業を展開することで、この場所と他地域とのネットワークが構築されると期待している。徳島はあくまで1つの点であると捉え、県境レスな社会をつくり出すきっかけとして、この場所が1つの窓口になることを願う。新たな取り組みとして2024年5月、筆者は株式会社風土創研の立ち上げメンバーとなった。風土創研は、徳島県内だけでなく四国全体で土地に根ざした暮らしの風景を守り、豊かな生活文化をつくる投資型不動産会社である。手始めに2024年12月、町並み内に市の指定管理を受けドーナツ屋をオープンした。現在は筆者ありきで運営しているうだつ上がるだが、将来は自身と切り離してもこの場を成立させたいと考えている。「この場所」だから人が来るのではなく、「ここにいる人」に共感した人や応援する人たちが集まるようになり、彼らに影響を受けた人の中からも、この場所で新たな一歩を踏み出す人が現れるようになるだろう。この循環は、地域に豊かさをもたらすと考えている。建築家としては、このような地方の古民家も、適切に利活用すればポテンシャルを発揮し、流域の経済や人の暮らしの充実化に貢献できることを伝えたい。この場所がそのモデルケースとなることを望む。

（高橋利明）

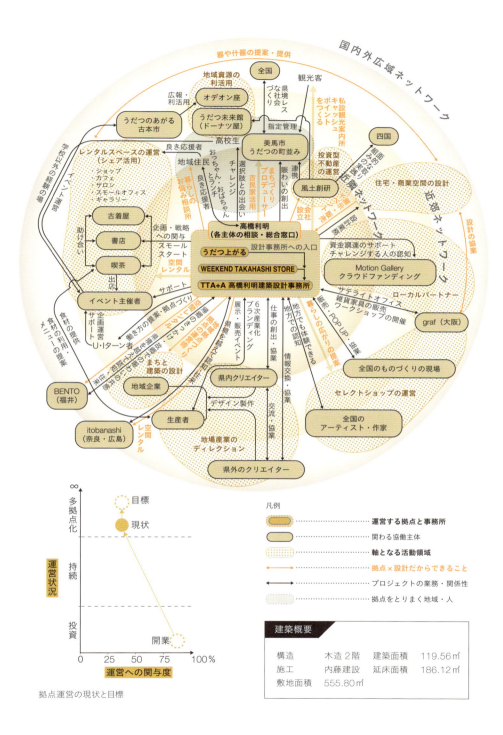

15 アツマルセンター立科／町かどオフィス
地域のストックを活用してまちを耕す

設　　計	YONG architecture studio・合同会社 T.A.R.P
所 在 地	長野県北佐久郡立科町芦田2612-3（アツマルセンター立科）／2615-1（町かどオフィス）
営業日時	アツマルセンター立科：金〜火 10:00〜19:00／町かどオフィス：月〜金 10:00〜17:00

立科町は長野県北佐久郡にある人口6800人ほどの小さな町である。中山間地域に位置し、高齢化と空き家の増加が顕著で2022年に過疎指定された。「町かどオフィス」は、そんな立科町の中心に建つ地域の空き家と移住希望者をつなぐためにつくられた町の相談所である。中山道芦田宿のある通りに建つ、築100年ほどの古民家の1階部分を活用して立ち上げ、空き家相談スペースと工房、古道具の展示空間からなる拠点として2020年に整備した。また道を挟んだ向かいには、「町かどオフィス」での空き家相談をきっかけに生まれた「アツマルセンター立科」がある。元薬局の空き店舗を改修してつくった、シェアキッチン付きの泊まれる地域交流拠点だ。

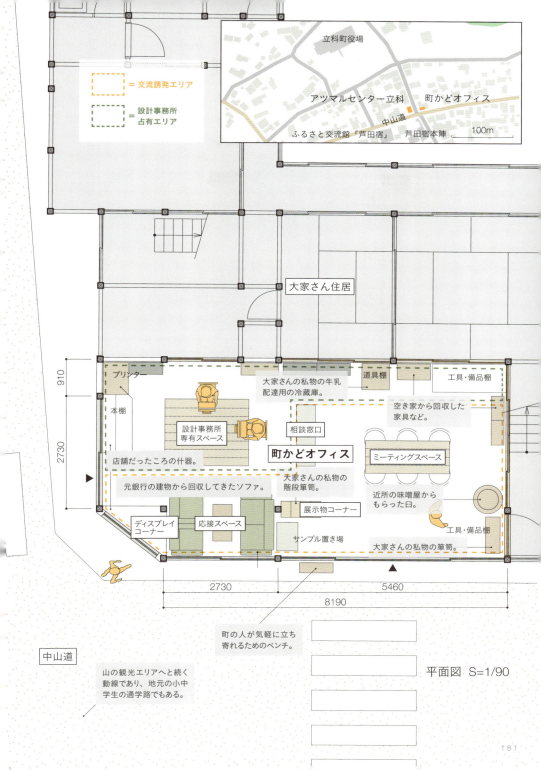

薬局の窓口を活用して、新たに受付カウンターを設置。来客とのコミュニケーションの場に。

薬局の頃の引き戸はそのまま活用。手洗いスペースを新たに整備。

窓口と同じ大きさの開口を新たに追加、円形のテーブルで2つの空間をつなぐ。

空き家から集めてきたこたつの天板を加工して、テーブルにはめ込んでいる。

地元の人も観光客も同じテーブルに「集まれる」大テーブル。

薬局として使われていた頃の窓口や、陳列棚、建具などの面影を残しつつ、新しい機能を持たせている。

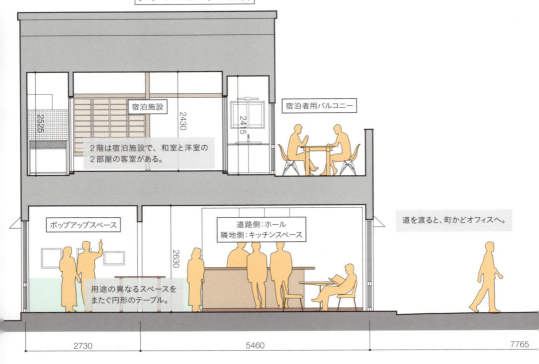

アツマルセンター立科

宿泊施設 / 宿泊者用バルコニー

2階は宿泊施設で、和室と洋室の2部屋の客室がある。

ポップアップスペース

道路側：ホール
隣地側：キッチンスペース

道を渡ると、町かどオフィスへ。

用途の異なるスペースをまたぐ円形のテーブル。

天井の蛍光灯を柱に移設することで拠点のアイコンに。通りからも明かりが見えるようにしている。

以前の店舗「藤屋商店」のサイン。そばや土産物を販売していた。

空き家から回収してきた古い時計たちを陳列。

造作の本棚には空き家の活用事例を紹介するための資料が並ぶ。

空き店舗から回収してきたショーケースはサンプルコーナーに。

元銀行の物件から回収してきたソファセットを応接スペースに活用。

大型のガラスのショーケースは受付台として活用。

地域の馴染みの商店だった頃の空気感を踏襲するため、ほとんど手を加えず、不要になった家具などで場所を構成。

町かどオフィス

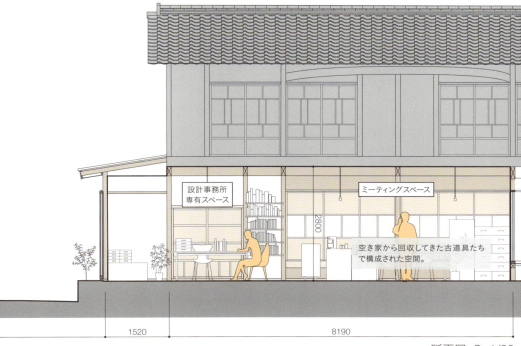

設計事務所専有スペース

ミーティングスペース

2800

空き家から回収してきた古道具たちで構成された空間。

1520　8190

断面図　S=1/90

町の空き家を活用した拠点づくり

立科町は、その豊富な自然資源や近隣市町村へのアクセスのしやすさから移住希望の声が少なくない地域である。しかしながら、町内に住宅事業者や不動産屋が少ないことから物件の供給不足が続いており、空き家は多いが住む場所がないという課題がある。そこで地域のストックを活用した拠点をまちに開くことで空き家活用の機運を高めようと、町の中心である中山道芦田宿通り商店街に現存する空き店舗を活用してつくったのが「町かどオフィス」である。筆者は長年横浜で建築設計事務所を構えながら、エリア特化型シェア拠点の運営を実践してきた。その実績を買われ、立科町の地域おこし協力隊になったのが2020年のことである。就任後、すぐできることとして始めた「町かどオフィス」は、総工費は3万円。工事期間3日で場所を整え、2週間で開設した拠点だ。地域全体の空き家活用促進と移住相談を担うと同時に、町の中心地に拠点を設けることで商店街や周辺の活性化を図るための機能を担う場所にもなっている。

また、その活動の一貫で2024年にできた場所が「アツマルセンター立科」である。「町かどオフィス」の取り組みや町での活動を見た地元の建設会社「三矢工業株式会社」が町の空き家を購入することを買って出てくれ、実現した。立ち上がった拠点で、「まずは集まろう！」を標語に掲げ、来町者の滞在と地域活動の拠点を抱き合わせた施設として生まれた。

地元企業との協同事業で実現

「町かどオフィス」の近くに、「ふるさと交流館 芦田宿」（以下、交流館）という施設がある。金融機関の建物を町が譲り受け、地域情報の発信や人々の交流の促進を図り、文化活動の拠点とするために、2004年に開館した施設である。「町かどオフィス」はこの交流館のサテライトスペースとしてつくったスペースであるため、家賃・光熱費は町が負担し、地域起こし協力隊が業務

15年空いていた店舗「藤屋商店」と隣地に建つ元薬局「大島薬局」の建物。町の中心地に並んで建っている

交差点に建つ物件で、目の前が坂になっているため、明かりの位置を下げることで、道路の向こうからでも町を明るく照らすことができる

アツマルセンターのキッチンカウンター。人が集うための什器と、奥にはレンタル厨房がある

1階はシェアキッチンと物販スペース、立科町でお試し開業ができるポップアップスペースも。2階は宿泊施設

アツマルセンター立科 + 町かどオフィス + YONG architecture studio + T.A.R.P

空間とサービスのシェア

①アツマルセンター立科／②町かどオフィス	⇔	YONG architecture studio・T.A.R.P
共同利用	①窓口 →	T.A.R.P事務所
	①ラウンジ →	応接スペース
	②相談スペース →	設計事務所
	②工作スペース →	模型室
閉店日利用	①シェアキッチン →	事務所キッチン
	①ホール →	作業スペース
	①宿泊施設 →	T.A.R.Pリモート社員用滞在宿泊施設
社員割引	①宿泊施設 →	宿泊費負担

初期投資額

項目	費用(万円)	内訳
①アツマルセンター立科：地元建設会社負担		
内装	1800	元薬局物件の改装
家具(制作)	150	カウンター、ベンチ制作費用
飲食営業用キッチン	150	シェアキッチン整備、家電含む
書籍、物販仕入れ	60	書籍、雑貨類など
②町かどオフィス：役場負担		
内装	3	照明交換
合計額	2163	
	−2163	アツマルセンターは地元建設会社所有、町かどオフィスは役場所有のためYONGの初期投資経費負担は0
拠点負担額	0	

[支出]運営費(月額)

項目	費用(万円)	内訳
①アツマルセンター立科		
光熱費(固定費1)	6.5	水道、電気、ガス、wifi
駐車場家賃(固定費2)	1.5	3000円/台×5台
家賃	8	売上に連動
人件費	17.2	スタッフ1名、アルバイト3名
仕入れ費	5	物販、書籍の仕入れ
	−8	固定費は地元建設会社(所有者)負担
①合計額	30.2	
②町かどオフィス		
人件費	20	協力隊給与20万円×1名、役場が負担
家賃	3	役場が負担
光熱費	0.5	水道、ガスは契約なし。電気のみ役場が負担
	−23.5	すべて役場が負担
②合計額	0	町かどオフィスは役場管理のため
拠点負担額	30.2	①+②

[収入]売上(月額)

項目	金額(万円)	内訳
シェアキッチン利用(平日)	4.5	900円/時×5時間×10日
オフィシャルカフェ(土日祝)	9.1	700円/人×10人×13日
イベント用スペースレンタル	0.5	600円/時×2時間×4日
宿泊(平日)	6.3	6000円/人×1.5人×7日
宿泊(土日祝)	16.8	8000円/人×3人×7日
書籍、雑貨	9.5	1500円/人×3人×21日
古材、古道具	9	2000円/人×3人×15日
合計額	55.7	

の一貫として運営を受託している。

一方で「アツマルセンター立科」は三矢工業株式会社が空き店舗を購入して改修費などを負担し、企画・設計・運営の委託を我々が担っている（立科町を中心として長野県での活動を今後展開していくため、2023年8月に新たに立科町で合同会社T.A.R.Pという法人を立ち上げており、こちらの合同会社で委託を受けている）。

「アツマルセンター立科」での主な事業は、中長期滞在向けの宿泊施設（2室）と、シェアキッチン、物販、空き家から出てくる古材・古道具のリメイクと再販である。三矢工業が改装費用と光熱費を負担、T.A.R.Pは売上に連動する形で家賃を支払い、残りを委託費としてT.A.R.Pが受け取っている。

多様な関わりしろを用意する

「アツマルセンター立科」の運営には、地域おこし協力隊OBを含む合同会社T.A.R.Pのメンバーの他に、オーナーである建設会社の社員もスタッフとして関わっている。空き家の活用や改修相談など町内の窓口としての役割を担う「町かどオフィス」と、立科を訪れた人やこれから町で何かを始めたい人が主にやって来る「アツマルセンター立科」が町の中心地に並んで建っていることで、空き家の活用促進と町への移住促進をスムーズにつなぎ、町内外の多くの人が交われるようにしている。

「アツマルセンター」の宿泊部分では、観光地としての機能を超えて町の日常を体験してもらうべく、中長期での滞在を推奨している。ゆっくり滞在してもらうことで、町の住民や移住希望者たちとの関わりを深めてもらい、町の関係人口を生み出す機能を担う。

シェアキッチンは、立科町で飲食店の開業を考えている人が気軽に使えるよう、1日利用も可能としている。また、同じ町内の高原エリアにあるペンションオーナーやリゾート地の飲食店オーナーに閑散期や休業期に町場で出張出店をしてもらうことで、町内の観光業の下支えをするという意図もある。

「クライアントなしの建築」の未来

現在活動している立科町のみならず、全国的に空き家は増え、人口は減少していく。今後、所有を放棄された空き家、あるいは所有者が活用を諦めた土地や物件の活用ノウハウが求められる場面は一層増えていき、特に地方都市において建築設計の領域はクライアント不在のプロジェクトにも展開していくと考えている。場所と人とのネットワーク、循環する地域経済システム、自走する建築プロジェクトの構築は衰退する地域にとって必要不可欠で、多くの地域がその担い手を求めている。建築家の職能も、従来のような「請負モデル」と「報酬としての設計料」という仕組みを超えた先で、活かせるスキルが無数にあるのではないだろうか。空き家が1000万戸を超えると言われる時代は、必ずしも憂慮すべき未来を示すわけではなく、可能性と創造性に満ちた社会の到来と捉えることができるのではないだろうか。

（永田賢一郎）

建築概要	
構造	町かどオフィス：木造1階
	アツマルセンター立科：木造2階
施工	三矢工業
敷地面積	132.72㎡（アツマルセンター立科）
建築面積	89.45㎡（アツマルセンター立科）
延床面積	141.85㎡（アツマルセンター立科）
	46.27㎡（町かどオフィス）

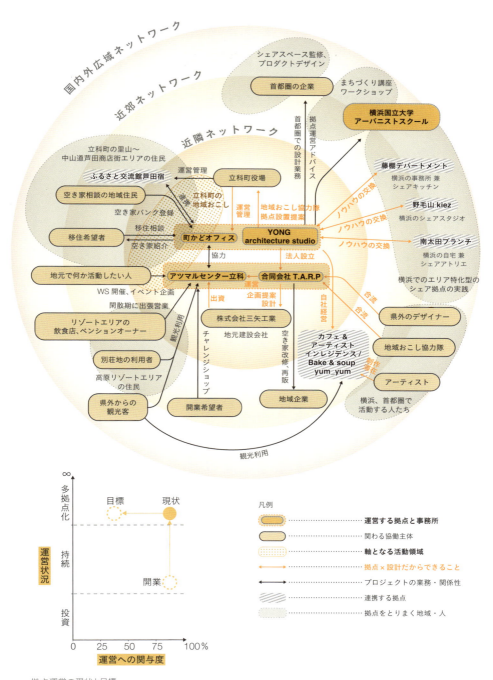

拠点運営の現状と目標

15 ｜ アツマルセンター立科／町かどオフィス　地域のストックを活用してまちを耕す　187

おわりに

道具としての建築、手段としての設計

私の好きな映画、「2001年宇宙の旅」の冒頭、原始人が動物の骨に打撃の機能を発見し、大空に投げたその骨が宇宙船に代わるシーンがある。そこに示されているのは、人類における道具の重要性である。人類は、道具の発見によって厳しい自然環境を生き延び、動物の中でも文明を圧倒的に進化させてきた。人類の歴史は、道具の歴史といっても過言ではなく、建築もまた道具の一つである。ヴィトルヴィウスによる最古の建築書には、自然と人類の生活を調停するために、建築空間に限らない様々な道具の設計に携わる建築家＝アーキテクトの職能が描かれている。つまり、建築やランドスケープを設計するアーキテクトは、人間が生きる環境全体から道具を発見し、新たな価値をデザインする職能をもつ者のことを指し、言い換えれば「社会」をデザインするのがアーキテクトである、ということだ。

そしてこれは、本書に収録した第1部のインタビューした3事例と第2部の15事例に共通する志でもある。社会が縮退する時代に"調停"を必要とするあらゆる生活環境こそが、空間設計の職能を発揮するデザイン対象なのだという、ある種の決意表明であり、信念にも近いものかもしれない。私自身、「建築家」という肩書で空間以外のデザインにも多く携わってきた。地域の新しい拠点をデザインすることを目指した〈FUJIMI LOUNGE〉の運営は、2019年の開店と同時に訪れた世界的パンデミックで苦労の連続だったが、この拠点が媒介となって、教育ベンチャーとのSTEAM教育活動、広告代理店とのビジネス

ワークショップ、調布市の交通社会実験や地域コミュニティとの連携と、予想もしなかった人々とつながり、仕事が生まれた。

第1部でインタビューをお受けいただいた3組の建築家の皆さんはもちろん第2部の事例も筆者のそれとまったく異なる活動領域、担う役割、人間関係や事業の広がりによってさらに多様な可能性を示してくれ、繰り返し驚かされた。こうして各地で地道に紡がれている個性豊かな拠点のプロセス・知見を総覧できる一冊となったことを、素直に喜びたい。そして、本来ならば抱え込みたいノウハウを公表し、職能を捉えなおす機会をつくってくれた皆さんには、心から御礼を申し上げたい。本当にありがとうございます。

また、本書を進めるにあたり、事務所アルバイトの鵜川友里恵君や東京電機大学未来科学部建築学科の伊藤玲果君、大場桃旺君、蓮沼志恩君には、インタビュー記事や図版の作成をしてもらいました。ありがとう。

また、辛抱強く並走してくださった学芸出版社の岩切江津子さんと井口夏実さんがいなければ、出版までたどり着けなかった。様々な議論や客観的な意見によって論旨の精度を高める機会をつくってくださり、ありがとうございました。

そして最後に、大学と設計事務所の業務で追われるなか、本書執筆の時間をつくるべく常に支えてくれた設計事務所と〈FUJIMI LOUNGE〉のスタッフ、日頃の活動を支えてくれる家族に、改めて感謝の意を表したい。

2025年2月　菅原大輔

編著

菅原大輔(すがわら・だいすけ)
建築家、SUGAWARADAISUKE 建築事務所、〈FUJIMI LOUNGE〉ディレクター、東京電機大学准教授。1977年東京都生まれ。2000年日本大学理工学部建築学科卒業、2019年早稲田大学大学院博士後期課程研究指導修了退学。博士(建築学)。2004年よりシーラカンスアソシエイツやJakob+Macfarlane、Shigeru Ban Architects Europeの日仏の設計事務所に勤務し、2007年帰国後独立。SUGAWARADAISUKE 建築事務所を主宰しつつ、同建物1階でまちのリビングとカフェ〈FUJIMI LOUNGE〉を運営。様々な自治体でまちづくりプロデューサーや景観アドバイザーも務める。

著

和田優輝(わだ・ゆうき)
建築家、株式会社和田デザイン事務所代表取締役。1978年東京都生まれ。2002年早稲田大学大学院修了。同年より株式会社アール・アイ・エー勤務。2008年岡山県に移住、有限会社住吉勤務を経て2013年に事務所を設立。2020年〈LAB Tsuyama〉を開業。同年、まちの未来をつくる〈つやま城下ハイスクール〉を開校。

黒岩裕樹(くろいわ・ゆうき)
構造家、熊本大学准教授、黒岩構造設計事ム所顧問。1980年熊本県生まれ。2013年熊本大学大学院博士後期課程修了。九州大学非常勤講師などを経て現職。2024年シンガポール国立大学speaker。主な著書に『構造設計を仕事にする』(学芸出版社、2019年)、『構造家がめざすもの』(flick studio、2024年)。近作に〈大阪万博ポーランド館〉(2025年)。

横溝惇(よこみぞ・あつし)
建築家、スタジオメガネ代表、一般社団法人ニューマチヅクリシャ理事。1983年埼玉県生まれ。2008年横浜国立大学都市イノベーション学府 Y-GSA 修了。2009年より飯田善彦建築工房に勤務、2017年より現職。府中市土地利用景観調整審査会、多摩市文化芸術振興計画有識者会議委員、東海大学非常勤講師なども兼務。『ニュータウンに住み続ける:人間の居る場所3』(而立書房、2022年)に寄稿。

白須寛規(しらす・ひろのり)
建築家、design SU建築設計事務所主宰、摂南大学講師。1979年京都府生まれ。2004年大阪市立大学大学院修了。2006年より島田陽建築設計事務所に勤務。2010年にdesign SUを設立、2013年よりシェアオフィス上町荘を開設。2019年より摂南大学理工学部建築学科講師。代表作に〈並びの住宅〉〈3×12〉など。キッチン空間設計を研究した「図解建築家のキッチン」をInstagramで連載中。

山口陽登(やまぐち・あきと)
建築家、YAP.Inc 代表取締役、大阪公立大学講師。1980年大阪府生まれ。2005年大阪市立大学大学院修了。2005年より株式会社日本設計に勤務。2013年に独立、シイナリ建築設計事務所設立。2019年に法人化、YAP.Incへ改称。2021年より大阪公立大学工学部建築学科講師。代表作に〈佐田岬はなはな〉〈道玄坂のリノベビル〉など。

神本豊秋(かみもと・とよあき)
建築家、再生建築研究所代表取締役。1981年大分県生まれ。2004年近畿大学産業理工学部卒業。同年より青木茂建築工房勤務。2012年神本豊秋建築設計事務所設立。同年より東京大学生産技術研究特任研究員。2015年株式会社再生建築研究所設立。2018年〈ミナガワビレッジ〉再生・入居・運営を開始。2022年文部科学省学校共創のためのプラットフォーム「Co-SHA Platform」アドバイザリー就任。

追沼翼(おいぬま・つばさ)
建築家、株式会社オブザボックス代表、株式会社デイアンド代表。1995年宮城県生まれ。2020年東北芸術工科大学大学院修了。2016年にオブザボックスを設立し2018年に法人化、2019年にデイアンド創業、〈Day & Coffee〉開業。山形市のエリアリノベーションや全国各地の公共空間活用やリノベーションに従事する傍ら、カフェ経営、シティプロモーションに取り組む。

石井秀幸(いしい・ひでゆき)
ランドスケープアーキテクト、株式会社スタジオテラ代表取締役。1979年東京都生まれ。2005年ベルラーヘインスティチュート(オランダ)卒業。2005年より株式会社久米設計、2008年より株式会社LPD勤務を経て、2013年より現職。野田亜木子との共著に『地域を変えるランドスケープ:はみだしの設計思考』(オーム社、2023年)。

野田亜木子（のだ・あきこ）
ランドスケープアーキテクト、株式会社スタジオテラパートナー。1981年東京都生まれ。2005年関東学院大学工学研究科修了。2005年より有限会社オンサイト計画設計事務所勤務を経て、2015年より現職。石井秀幸との共著に『地域を変えるランドスケープ：はみだしの設計思考』（オーム社、2023年）。

安部啓祐（あべ・けいすけ）
グラフィックデザイナー、Baobab Design Company主宰。1973年生まれ、三重県出身。1997年名古屋芸術大学美術学部デザイン科卒業。山口至剛デザイン室、株式会社ネコ・パブリッシングの子会社であるJAPSインハウスデザイナーを経て、2007年より現職。

加藤拓央（かとう・たくお）
建築家、一級建築士事務所カレー設計事務所代表。1982年京都府生まれ。2006年大阪芸術大学芸術計画学科卒業。2007年より日本環境アメニティ株式会社勤務。2009年インドへ渡航、コルカタ滞在中にインド音楽とタブラ、屋台カレーに魅了される。2010年よりSUKIMONO株式会社勤務を経て、2021年地元宇治市にて一級建築士事務所カレー設計事務所を設立。

岡昇平（おか・しょうへい）
建築家、設計事務所岡昇平代表、〈仏生山温泉〉番台、仏生山まちぐるみ旅館代表、岡山県立大学非常勤講師。1973年香川県生まれ。1997年徳島大学工学部卒業、1999年日本大学大学院芸術学研究科修了。1999年株式会社みかんぐみ入社、2002年設計事務所岡昇平設立。共著書に『地方で建築を仕事にする』（学芸出版社、2016年）。

駒田由香（こまだ・ゆか）
建築家、駒田建築設計事務所取締役。1966年生まれ。九州大学工学部建築学科卒業。1989年よりTOTO機器株式会社勤務、2000年より現職。2020～2023年グッドデザイン賞中・大規模集合住宅ユニット審査委員、2024年より日本財団みらいの福祉施設建築プロジェクト審査委員。共著書に『詳細ディテールを読み解くRC住宅のつくり方：「pallets」ができるまで』（オーム社、2017年）。

山川智嗣（やまかわ・ともつぐ）
建築家、コラレアルチザンジャパン代表取締役、一般社団法人日本まちやど協会代表理事。1982年富山県生まれ。明治大学理工学部建築学科卒業。木彫刻のまち富山県井波で、職人に弟子入りできる宿〈Bed and Craft〉（2024年ミシュランキー認定）をプロデュース。2024年Forbes Japanにより世界を動かす45歳以下のカルチャープレナー30組に選出。

進藤強（しんどう・つよし）
建築家、株式会社ビーフンデザイン代表、smi:re不動産取締役、京都精華大学客員教授。1973年兵庫県生まれ。1996年京都精華大学デザイン学部建築学科卒業。株式会社アーキテクトン勤務、9坪ハウスなどを手がけるコムデザイン取締役を経て現職。著書に『月々のローン返済を軽くする賃貸併用住宅』（スタジオタッククリエイティブ、2013年）。

松本悠介（まつもと・ゆうすけ）
建築家、松本悠介建築設計事務所主宰。1977年愛媛県生まれ。2002年東京理科大学大学院修了。2003年中央アーキ共同主宰。2007～2009年横浜国立大学大学院／建築都市スクールY-GSA設計助手。2011～2012年東京理科大学理工学部建築学科非常勤講師。2014年松本悠介建築設計事務所設立。編著書に『7inchProject #02 CHUOARCHI』（ニューハウス出版、2012年）、『新スケープ：都市の異風景』（誠文堂新光社、2007年）。

高橋利明（たかはし・としあき）
建築家、TTA+A 高橋利明建築設計事務所主宰。1981年生まれ、大阪府出身。幼少期は吉本興業を本気で目指す。大阪市立デザイン教育研究所スペースデザインコース卒業。新居建築研究所（徳島県）勤務を経て、2011年より現職。2015年WEEKEND TAKAHASHI STORE、2020年〈うだつ上がる〉を開業。2024年株式会社風土創研設立。同年、〈あがるどーなつ/うだつぱん〉を同町並み内にオープン。

永田賢一郎（ながた・けんいちろう）
建築家、T.A.R.P代表、YONG architecture studio主宰。1983年生まれ、東京都出身。横浜国立大学大学院／建築都市スクールY-GSA修了。2020～2024年立科町地域おこし協力隊着任。2021年より横浜国立大学アーバニストスクールディレクター。共著書に『多拠点で働く：建築・まちづくりのこれから』（ユウブックス、2023年）。